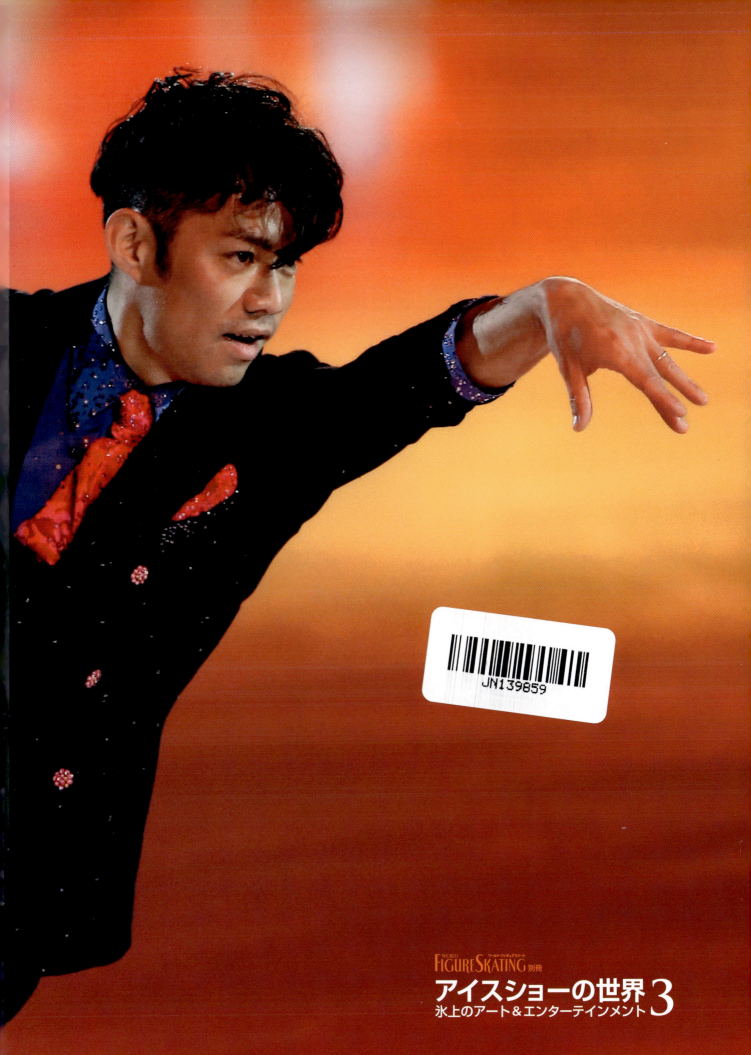

WORLD FIGURE SKATING 別冊
アイスショーの世界 3
氷上のアート&エンターテインメント

SPECIAL INTERVIEW
髙橋大輔 4
DAISUKE TAKAHASHI
「いま、スケートを見つめ直す」

巻頭スペシャル
クリスマス オン アイス 18
CHRISTMAS ON ICE 2016

SPECIAL INTERVIEW
ステファン・ランビエル 12
STÉPHANE LAMBIEL
「ぼくたちは同じ言葉を話している」

SPECIAL TALK
荒川静香×イリヤ・クーリック 24
SHIZUKA ARAKAWA & ILIA KULIK
「滑り続ける喜びを胸に」

CLOSE UP
アレクセイ・ヤグディン 28
ALEXEI YAGUDIN
「ぼくはアイスショーで優しさや明るさを届けたい」

REPORT 海外
プルシェンコ「くるみ割り人形」32
EVGENI PLUSHENKO "THE NUTCRACKER"

アート・オン・アイス 36
ART ON ICE 2017

インティミッシミ・オン・アイス 42
INTIMISSIMI ON ICE 2016
INTERVIEW
アンドレア・ボチェッリ ANDREA BOCHELLI 46

REPORT 国内
THE ICE 48
THE ICE 2016

フレンズ オン アイス 52
FRIENDS ON ICE 2016

カーニバル・オン・アイス 56
CARNIVAL ON ICE 2016

スターズ・オン・アイス ジャパンツアー 66
STARS ON ICE 2017
INTERVIEW
エカテリーナ・ゴルデーワ EKATERINA GORDEEVA 70

プリンスアイスワールド 熊本公演 73
PRINCE ICE WORLD IN KUMAMOTO
INTERVIEW
安藤美姫 MIKI ANDO 77

PREVIEW これから見られるアイスショー
「氷艶 hyoen2017- 破沙羅 -」80
市川染五郎×荒川静香×髙橋大輔
ファンタジー・オン・アイス／プリンスアイスワールド横浜公演 ほか

アーティストが語るフィギュアスケート
フィリップ・ドゥクフレ 演出家・コリオグラファー 86
PHILIPPE DECOUFLÉ

アダム・クーパー ダンサー・俳優 88
ADAM COOPER

おすすめステージ 91
TOPICS 92
フィギュアスケート誌上ショッピング 94

表紙：髙橋大輔「ライラック・ワイン」(2016年カーニバル・オン・アイス) Daisuke Takahashi. © M.Sugawara/Japan Sports
裏表紙：髙橋大輔「The Person I Should Have Been」(2017年アート・オン・アイス) Daisuke Takahashi. © World Figure Skating/Shinshokan
前頁：髙橋大輔「キャラバン」(2017年アート・オン・アイス) Daisuke Takahashi. © World Figure Skating/Shinshokan
目次：ステファン・ランビエル「Slave To The Music」(2017年アート・オン・アイス) Stéphane Lambiel. © World Figure Skating/Shinshokan

髙橋大輔　© Manabu Takahashi

SPECIAL INTERVIEW
DAISUKE TAKAHASHI

髙橋大輔

いま、スケートを見つめ直す

さまざまな経験を重ね、再び自分にとってのスケートの意味と
向き合っている髙橋大輔。その瞳にはどんな未来が映っているのか——

Christmas on Ice

やっぱりスケートがいちばん。スケートが自分の土台なんだなと感じるようになった。

── 「クリスマスオンアイス」(2016年12月)では、ステファン・ランビエルとのコラボ・ナンバーという、夢の組み合わせがついに実現しましたね！

髙橋 ステファンは現役引退後、ショーの世界でずっとがんばってきた人。しっかりとトレーニングを積んで、独自の魅せ方もあって、自分の滑りが確立されている。そういう点でぼくはこれからだと思うので、正直言って、格差が出ないか心配なんですが（笑）、一緒に滑れる機会をいただいてありがたいです。

── 作り上げる空気感が違うお2人だからこそ、2つの世界が合わさったかっこよさが生まれていました。

髙橋 ステファンはテンションが上がってくると、スピードがどんどん出てくるんですよ。だから、予定していたコースと違うところにいたりすることもあるけれど、むしろそのほうが躍動感があっていい。ぼくが彼に同調するような感じで、つねにステファンを見て動くようにしています。

── こみあげてくる感情が氷の上であふれ出すという点で、お2人には共通するものがあると思いますが。

髙橋 ただ、ソチ・オリンピックが終わって以来、ぼく自身はそういう感極まる感じが出てきてないなと感じていて……。『ラヴ・オン・ザ・フロア』のときは久々にそういう自分を出せたと思うんですが。最近はスローな曲で滑ることが多かったですし、その点で、今回はステファンとのコラボにしろ、自分のナンバーにしろ、躍動感のある曲だったので、久しぶりだなというのはありますね。

── 現役を引退されてから2年半が経ちましたが、その間、ダンスショーの『ラヴ・オン・ザ・フロア』(2016年6～7月)の舞台はもちろん、スケート以外でもさまざまな経験を通じて、何か内面の変化はありましたか。

髙橋 まだ、これというほどのものはないですが、やめた当初はスケートをやること自体が嫌だったところから、やっぱりスケートっていいなと思うところまで来た。アイスショーに対しても、これまで与えられたものをやるというスタンスから、これからはもうちょっといろいろなことを自分自身で考えながら取り組んでいけたらと思います。とりあえず、今回の「クリスマスオンアイス」が終わってからが、またぼくにとってスタートだと感じています。

── スケートがいいなと再び思うようになった心境について、もう少し聞かせてください。

髙橋 やっぱりスケートがいちばん、というか、ぼくが自信のもてるものはこれしかないんですよね。いろいろなお仕事をさせていただくなかで、他のことをやればやるほど、スケートが自分の土台なんだなと感じるようになった。たとえばテレビなどでコメントをさせていただくときでも、スケートを滑っていない時期にそういったお仕事をすると、必要以上にものすごく緊張する。やっぱり、スケートというものを通して自信をもっていることが、ぼくにとって何をするにしても大事なんだなと気づいた。

── 逆に、舞台経験などがスケートに生かされていることもあるのでは？

髙橋 何かしらあると思うんですけど、

1986年3月16日、岡山生まれ。2010年バンクーバー・オリンピック銅メダル。世界選手権優勝、オリンピック3大会入賞などトップクラスで活躍した。2014年に現役を退き、現在はアイスショーを中心に、舞台出演、テレビキャスターなど幅広い活動を見せている。

髙橋大輔「The Song of Christmas」(クリスマスオンアイス2016) © World Figure Skating/Shinshokan

© Manabu Takahashi

自分のなかではそこがはっきりわかっていない。(笑)まだ自分がショーでやりたい方向性が定まってないからでしょうね。でも、見つけたいという気持ちは強い。まずは自分のスケートを取り戻すこと。それから、この後、「アートオンアイス」(2017年2月)でまた刺激も受けるだろうし、その次の「氷艶」(5月)では歌舞伎という全然違うジャンルとのコラボでさらに何か得るものがあると思う。そういったなかから、自分が実際にショーでやりたいというものを徐々に深めていけるだろうし、しっかりと考えていきたいと思っています。

── 具体的に、今後こうしていこうと思っていることはありますか。

髙橋 まずは体作りから取り組みたいですね。ヨガで柔軟性を高めるとかそういう方向性で、自分の幅を広げて、そのうえでバレエやダンスのレッスンをしたらいいかなと考えています。体を変えたら、自然とスケートも変わると思う。ごくシンプルに、とりあえず1年はそういう取り組みをしてみよう、と。これまではやりたいと言っていただけで全然時間が取れていなかったので。

── 現役時代が第1章だとすると、引退後からいままでが第2章、いまからが第3章という感じ？

髙橋 はい、そうですね。2017年はちょっと切り替わる感じ。どこまでできるかはわからないけど、気持ちが入れば、ぼくはやりますから。(笑)

── あらためて"第2章"を振り返っていただくと……。

髙橋 『ラヴ・オン・ザ・フロア』で得たものはすごく大きかったと思います。それまで自分が生きてきたのとは全然違う世界に挑戦して、それをスケートのファンの方が見に来て、「こういうダンスショーっていいな」と思ってくださった。だったら、今度はそれをスケートに生かせないかと考えてみたり……。自分がいちばん楽しめるというか、やりがいを感じて、ああいう世界で生きたいなと強く思わされました。

「アンセム」(クリスマスオンアイス 2016) ©J.Song/Japan Sports

目の前のことでなく、将来に向けて行動する、2017年はそんな年にしていきたい。

── アイスショーについて、あらためてお伺いしますが、これまで出演されたなかで、こういう演出は面白いなと思ったものは？

髙橋 海外のショーだと、2015年に初めて出させていただいた「アートオンアイス」ですね。歌うアーティストの方も複数いたり、ダンサーの方たちのレベルがすごく高かったり、規模が大きくてやっぱり違うなと思いました。アー

「アンセム」ステファン・ランビエルと（クリスマスオンアイス 2016） © S.Iba/Japan Sports

ティストの乗ったステージが動く演出とか、すごくダイナミックに作りこまれていて魅力的ですよね。
—— ショーの振付で、このコリオグラファーはすごいと思うのは？
髙橋　ジェフ（ジェフリー・バトル）かな。彼は本当にクリエイティヴで、振付ける相手や作品によって、振りそのものも変わって見えるから。
—— 髙橋さんに振付（「ライラック・ワイン」）をする前、バトル自身は「ダイスケとはやりたいことがある」とすごく意気込んでいましたが、やりとりはずいぶんしたんですか。
髙橋　あまり細かいことは話さなかったです。フィーリング程度で。コリオグラファーはどの人もあまり細かくは言わないですよ。でも、もしかしたら、ぼくがちゃんと聞いてないのかな？　あまり細かいのが得意でなくて、いつも自分のなかでシュッと物事をシンプルにしちゃうから。（笑）
—— 自分がショーをプロデュースしたり、作り出す立場になることについてはどう思いますか。
髙橋　ぼくの周りにいる方を見ていると、自分からアイディアがどんどん出てくるところがあらためてすごいなと思いますね。ぼくはもともと持っているポテンシャルでものを作り出すというのはやっぱり苦手で、自分から発信するタイプじゃない。でも、いろいろなアイディアをもっている人を集めて、そのあいだを取り持って融合させるというスタンスでなら、何かできるかもしれない。たとえば、「ラヴ・オン・ザ・フロア」の振付師とか、舞台の演出家とスケーターをつなぐ、とか。ぼくはたぶんピックアップするほうが得意なんじゃないかと思うんですよ。
—— それも才能ですね。ところで、「ラヴ・オン・ザ・フロア」といえば、髙橋さんのソロ・ダンスを氷の上に移し変えたものを見たいという声は大きいと思いますが。
髙橋　やりたかったんですけど、リンクの幅とか、曲の短さとか……ちょっと難しかった。
—— もし実現すれば、すごく盛り上がりますね。
髙橋　自分でプログラムを作ったりもしてみなきゃ、とは最近思いますね。将来、余裕があるときに、そういったものを1個作ってもいいなって。でも、人には絶対作らないですよ。（笑）
—— 髙橋さんの今後がますます楽しみになってきました。
髙橋　漠然とはしていますが、フォーカスは狭まってきています。まずは「氷艶」に向けて全力投球して、それから先のことですが。ぼく自身はあまり仕事という感覚でやりたくないんですが、目の前のことでなく、将来に向けて行動する、2017年はそんな年にしていきたい……していきます！

Christmas on Ice
SPECIAL INTERVIEW
DAISUKE TAKAHASHI

© Manabu Takahashi

SPECIAL INTERVIEW
STÉPHANE LAMBIEL
ステファン・ランビエル
ぼくたちは同じ言葉を話している

「クリスマスオンアイス」で髙橋大輔と初のコラボ・ナンバーを披露したランビエル。
髙橋大輔との共演、観客の心を打つパフォーマンスに必要なこと、
そして、彼がめざすアイスショーの新たな進化形について熱く語ってくれた。

特別な結びつきを感じる

――「クリスマスオンアイス」では髙橋大輔さんとのコラボ・ナンバーが初めて実現しましたね。

ランビエル ええ。大輔とは以前「アメリ」で一緒に仕事をしましたが、これはぼくが振付けて、彼が滑ったプログラムでした。「アイス・レジェンド」（ランビエルの主催でジュネーヴにて開催）のコラボ・プログラム「ル・ポエム」でも一緒に滑ったけれど、これはグループナンバーだったから、ぼくと彼以外にもたくさんのスケーターがいました。だから、1曲通して彼とずっと一緒に滑ったのは今回が初めて。これはとても特別なプログラムです。こんなにテンポよくプログラムの制作が進んだことはいままでなかった。それはぼくたちのスタイルがとても相性がよく、音楽を同じように感じ取ることができるからだと思います。お互い見交わすだけで、どんなふうに動くか、音楽性をどんなふうに働かせるかがわかるんです。だからとてもやりやすい。決して簡単なことをやっているわけではないんだけれど、相手を感じながらすべての要素を簡単につなげていける。だから、このプログラムはとても作りやすかった。動きも、一緒に滑るパターンも、とてもやりやすかったですね。

―― 音楽は「アンセム」。お2人のスタイルにとてもよく合っていました。

ランビエル 音楽を考えすぎないようにしています。ぼくたちはただ音楽に身を任せ、その瞬間瞬間を楽しんでいるんです。お互いを見詰め合う瞬間が何回もあって、ぼくたちは特別な結びつきを感じ取ります。その瞬間瞬間、信頼の気持ちが積み重なっていく。そのとき起こっていることをぼくたちは感じるだけ。だから、この動きのときはどこでアクセントを付けるかなんて話し合う必要がないんですよ。（宮本）賢二も振付の面でぼくたちを助けてくれました。その動きに対してぼくたちがどういうふうに反応するか、彼はわかってくれています。音楽に乗せていくとき、ぼくたちは同じタイミングでアクセントを付けていく。最初からシンクロしているようでした。だから繰り返すたびにどんどん滑りやすくなっていった。おかしなくらい、ぼくたちはよく似ているんですよ。

―― 予想外でしたか？

ランビエル うれしい驚きでした。合わせるのに何時間もかかるだろうと思っていたんです。これまでの経験だと、相手のスケーターのリズムやパターン、音楽性などを理解するためにある程度の時間が必要だったんです。だから、今回もそのつもりだったのに、突然、これでもう大丈夫だとわかった。ぼくたちは最初から同じ言葉を話しているようなものでした。ビデオですぐに振付を覚えたら、あとは動きのアクセントを一緒に見つけていけばよかった。

―― お2人はずっと一緒に試合を戦ってきて、現在はアイスショーで何度も共演しています。髙橋大輔のスケーターとしての魅力、また人間としての魅力は？

ランビエル スケーターとしての彼には外に向かって放たれるものがあって、本当に表現力が豊か。ほかのスケーターにはない特別なものがあります。ところが、素の人間としては少し内気で内向的。彼の2つの面をどちらも見ることができるのはすごくうれしい。氷の上の彼は本当に輝いていますが、普段の彼は穏やかで優しくて、つねにポジティヴ。大輔と共演すること、一緒の時間を過ごすことをぼくは楽しんでいます。ぼくたちが初めて出会ってから、もう12年になる。試合で戦っているときでも、ぼくたちはとてもいい関係を築けていました。

―― 今後また一緒にコラボするアイディアは？

ランビエル もちろん！ ぼくたちはショースケーターとして長いキャリアを持っているし、この音楽性と2人の結びつきを活かして今後も何かできたらと思います。でも、いまはまず「クリス

© Manabu Takahashi

© Manabu Takahashi

アイスショーには もっともっと進化できることがあると ぼくは思っています。

マスオンアイス」を楽しみたい。まだ6回公演が残っているから。このショーが終わってから、次のことを話し合いたいと思います。

クリスマスの過ごし方

—— 今回は「クリスマスオンアイス」に参加され、クリスマスにちなんだ場面も多かったですが、ランビエルさんのクリスマスの過ごし方を教えてください。

ランビエル ぼくの家族にとって、クリスマスは家族みんなが集まって一緒に祝う、とても大切なイベントです。祖母は普段ポルトガルに住んでいますが、クリスマスだけはスイスにやってきます。いつも24日の夜は母と祖母がクリスマス・ディナーの準備をし、姉とぼくが家にいる場合はぼくたちも手伝います。そして、お互いに家族みんなのプレゼントを用意します。ぼくたちは大家族じゃないけれど、家族が繋がってちょっとしたプレゼントを贈りあい、一緒の時間を過ごす。おいしい料理と静かな夕べ――ただ家族への愛が感じられるような。クリスマスはそういうことにふさわしい時間だと思う。大晦日はまた少し違います。1年の終わりと新年の始まりを祝うもので、これは友人たちと過ごす時間。ほかの国の伝統は違うかもしれないけれど、ぼくたちにとってクリスマスは家族の行事、新年は友人と過ごす時間なんです。

クリスマスはとても大事なものです。家族のみんなにプレゼントを贈るのはいろんな機会があるだろうけれど、なかでもクリスマスはとても素晴らしい機会だと思うんです。きれいにラッピングして、素敵なクリスマスカードを添える。それに、ぼくにとっては美味しい料理を作るのも大事なこと。ぼくはキッチンで過ごすのが好きだから。クリスマスは特別な料理をするのにふさわしい時間です。

—— 得意なレシピは何ですか？

ランビエル ジンジャーブレッドクッキー。大好きなんです。食べるのも楽しいし、クリスマスツリーのデコレーションにも使える。

アイスショーはもっと進化できる

—— 「アイス・レジェンド」で披露された「ル・ポエム」は画期的な試みでした。3人のソロナンバーがグループナンバーと一体となってひとつの物語を形づくるように構成されていましたね。

ランビエル 「ル・ポエム」は、氷上のバレエを作りたいというのがぼくのアイディアでした。ストーリーを展開するために、たくさんのソロを羅列するのではなくて、すべてを有機的に繋げて見せたかった。だから、まず（浅田）真央が登場して舞台となる村を紹介するという作りにしたんです。彼女は物語の語り手で、カロリーナ（・コストナー）演じる美しい少女を観客に紹介し、ぼくやそのほか村の人々を観客に紹介します。カロリーナは汚れを知らない少女で、ぼくが演じる男性との愛を夢見ています。だから、真央のソロの後、カロリーナのソロ「月の光」で彼女から見た愛の側面を説明するんです。その後、ぼくの「ラ・ヴァルス」が続きます。ぼくが男性から見た愛の側面を観客に見せます。ぼくもこの村の一員で、彼女に誘惑の罠を仕掛けるんです。ぼくはほかの人間も次々と魅了していきますが、カロリーナは嫉妬を感じる。彼女を手にしているのに、なぜぼくがほかの人間まで惹きつけなければいけないか、彼女には理解できないんですね。とてもドラマティックなストーリーになったと思います。

—— とても冒険的なプログラムでした。

ランビエル アイスショーはストーリーを語ることができるし、音楽全曲を使って全幕バレエのようなものを作ることができる。アイスショーにはもっともっと進化できることがあるとぼくは思っています。ただもちろん、そのためにはリハーサルに時間がかかります。だから、カロリーナとはショーのかなり前に一緒にソロを作りました。真央には事前にぼくの考えを話し、ショパンのナンバーをお願いしました。そこにぼくがいくつかの要素を付け加えた。ピアニストのカーチャ（・ブニアティシヴィリ）に全曲を弾いてもらいたかったので、音楽をカットしたくなかったんです。「ラ・ヴァルス」については、曲の構成全体が頭のなかに浮かんでいて、「ここはテッサ（・ヴァーチュー）とスコット（・モイア）にこんなふうにやってもらおう」とか、「ここはターニャ（ヴォロソジャル）とマックス（トランコフ）に」、「ここは大輔と一緒に」、「ここはカロリーナと一緒に」とあらかじめ考えてあったんです。ターニャ＆マックス、テッサ＆スコットは少し早めに到着するのでそこで振付を教えることができる。カロリーナとは事前に練習しておくことができます。大輔と合わせるのは直前になってしまったけれど、それで全部がつながったんです。だから、アイディアさえあれば、複雑なナンバーだって作ることができるんです。ただ、そのためにはプログラムの構成をしっかり組み立てて、事前にきちんとリハーサルできるように調整し、ショーの直前にすべてを1つに組み合わせることができなくてはいけない。こうした困難なプランを準備するにはたぶん1、2ヵ月は必要だと思います。

—— 今年の「アイス・レジェンド」でもこうしたプログラムを考えているんですか。

ランビエル もちろん！　まだ詳しいことは話せないけれど。

Christmas on Ice
SPECIAL INTERVIEW
STÉPHANE LAMBIEL

1985年4月2日、スイス・マルティニ生まれ。2006年トリノ・オリンピック銀メダル、世界選手権2回優勝。引退後はプロスケーター、コリオグラファー、ショー「アイス・レジェンド」プロデューサー、コーチなど多彩に活動。その音楽性もあふれるアーティスティックな滑りは唯一の輝きを放つ。

「クリスマスオンアイス2016」フィナーレにて　©S.Iba/Japan Sports

「アンセム」のリハーサル風景。髙橋大輔、宮本賢二と ©Manabu Takahashi

すべてが1つに溶け合ったときぼくたちは言葉を失ってしまう。そんな特別な瞬間が生まれるんです。

特別な瞬間を生み出す

—— スケーターのパフォーマンスが観客の心に強く訴えかけるためには何がいちばん必要だと思いますか？

ランビエル 本人のキャラクターだけでもないし、音楽性だけでもない。放たれるエモーションだけでもない。すべてが必要です。キャラクターも、音楽性も、カリスマ性も、テクニックも、すべて必要。人の心を打つためにはすべてを持たなければいけないんです。テクニックしか使えないスケーターは、おそらく人の心を打つことはできないでしょう。でも、彼らの演技も素晴らしいのです。ぼく自身、本当に素晴らしいなと感じるスケーターが何人もいます。でもテクニック面で強い印象を受けたとしても、心から感動したと言うことはできない。ところが、逆にテクニックのことなんて忘れさせてしまうようなスケーターもいます。どんなジャンプを跳んだかなんて、思い出せない。ただ心のざわめきだけを感じているんです。テクニック、プログラムのドラマ、音楽性、スケーターのキャラクター、個性、すべてが1つに溶け合ったとき、ぼくたちは言葉を失ってしまう。時間が経つのを忘れてしまうんです。本当に特別な瞬間です。言葉ではうまく説明できないけれど、こうした瞬間を創り出せるスケーターがいるんですよ。

—— 自分ではそうした瞬間をどうやって起こしているんですか？

ランビエル 自分ではわからない。ぼくはただ必死に練習するだけです。自分がしなければいけないことを理解するために必死に練習する。そして、自分が練習で学んできたものを頭から消し去ってしまうんです。たとえば、今シーズンNHK杯での（羽生）結弦のSPの演技は例としてとてもわかりやすいと思います。彼はいくつかミスをしてしまったけれど、演技全体としてすべての要素がしっかり結びついて1つになっていた。すべてが溶け合っていたから、彼がこれまで必死で練習してきた1つ1つの要素のことは観客の頭からすっかり消え去ってしまっていた。しっかり練習してこなければ、こういう瞬間は生まれません。あらかじめ1つ1つの要素をしっかり理解していなければいけない。その後で、その1つ1つを結びつけていくんです。そうすれば、ある瞬間、すべてが一気につながっていくんですよ！

—— アイスショーは1回きりではなく、何回か続けて公演されますよね。スケーターは毎回その特別な瞬間を創り出さなくてはいけないわけですけれど。

ランビエル その通りです。自分の演技に満足して幸せな気持ちになるパフォーマンスもあれば、ベストではないけどまあよかったなというときもあります。テクニック的にはうまくいったけれど、自分がめざしているエモーションが出せなかったというときもあります。

夏の「ファンタジー・オン・アイス」で、（福間）洸太朗のピアノで「ラ・ヴァルス」を滑ったときのことです。ああいう瞬間を生み出せるようにと、ぼくは必死でした。そして最終日、ついにすべてが溶け合って1つになったと感じることができた。あの瞬間を創り出すことができて、本当にうれしかった。全公演の出来にぼくは満足しています。でも、テクニックのことを頭から完全に消し去ることができなかったのが残念だったんです。それが最終日、演技の出来栄えとかそういう意識をすべて消し去った演技ができた。パフォーマンスをただ楽しむことができたんです。この感覚は本当に幸せなものでした。こういうふうに演技できることは本当に喜びなんです。

—— 観客にとっても、あなたのそうした瞬間に出会えるのは大きな喜びだと思います。ただ、出会えるときとそうでないときがあるわけですね。

ランビエル ええ、それが人生です。そのことがその瞬間をいっそう特別なものにしてくれます。あるときは出会えなかったとしても、その次は出会えるかもしれない。その瞬間は必ず起きるんです。

「アイス・レジェンド」がめざすもの

—— スイスの「アート・オン・アイス」や日本の「ファンタジー・オン・アイス」はアーティストとスケーターとの共演が特色です。北米の「スターズ・オン・アイス」はスタースケーターの演技を見せることに力点を置いています。ショーごとにさまざまなカラーがあると思いますが、「アイス・レジェンド」の特色はどんなところにありますか？

ランビエル 「アイス・レジェンド」でぼくが発展させたいと思っていることは2つあります。1つは――ぼくは子どものころテレビ放送やビデオでたくさんのパフォーマンスを見て、いつの日かそれを実際に生で観ることを夢見ていたんです。だから、ぼくのショーでは観客が見たいと夢見ていたプログラムをライヴ・パフォーマンスで提供することが大きかった。たとえばアレクセイ・ヤグディンの「ウィンター」はテレビでしか見たことのない多くの人にとっては夢のプログラムでしょう。ぼくはソルトレイクシティ・オリンピックのときに生で観ることができたから、この特別な瞬間を多くの人が体験できたら本当に素敵だろうと考えたんです。もちろんオリンピックのときのように完璧な演技ではなかったかもしれない。でもやはり「ウィンター」を実際に見るのはスペシャルな経験になったと思います。カロリーナには最初の年は「アヴェ・マリア」、次の年は「ボレロ」を滑ってもらいました。どちらのプログラムもみなさんがテレビやYouTubeで何度も見てきたプログラムだと思ったからです。ライヴで見たいと

「アンセム」髙橋大輔とのコラボレーション　©J.Song/Japan Sports

思っている人が多いに違いないと思いました。スケーターの人生には本当に特別なプログラムというものが必ず存在します。だから、観客がもう1度ライヴで見たいと願うような、そんな特別なプログラムを、それぞれのスケーターに見つけるようにしています。

もう1つぼくが発展させたいのは、氷上のバレエという側面です。いまはスケーターがオリンピックに向けて調整中だから、大掛かりな作品を作るのは難しい時期だけれど、将来はできる限り大勢のスケーターが参加する大きな作品を作りたいと思っています。ぼくたちはとても複雑で洗練されたストーリーを氷上で展開していくことができると思う。そのためにはきちんとした構想と十分な準備の時間が必要です。ぼくたちはストーリーを人々にちゃんと理解してほしいと思っている。だからショーの雰囲気も、コンテンポラリーなものだったり、かっちりとストーリーを語るものだったり、いろいろな可能性があると考えています。

―― 観客の感情の動きはどうやって察知するんですか？

ランビエル　ぼくはフィギュアスケートのことはよくわかっています。自分が好きなものについてもよくわかっている。たとえば音楽を聴いたとき、その音楽で自分たちに何ができるかわかります。プログラムを作るなら、その音楽ならどんなスケーターがいいか、どんな色彩がいいか、どうやってプログラムを創り上げていけばいいか、すぐわかる。もしアーティストが必要なら、たとえばピアノ曲でピアニストが必要なら、その人と話し合って、どんな方向性がありえるかを理解します。真摯で、純粋なプログラムであれば、人々は心を動かしてくれる。その意図が明確なら、人々は理解してくれるんです。でも少しでも強引で押し付けがましいところがあったら、人々の心を打つことは難しい。映画の脚本を書くのと同じです。最初から、映画を見る観客の反応を考えるなんてことはない。どんなストーリーにしたいか、そこで何を伝えたいのかをまず考えるんです。ぼくが振付を始めるときも、「アイス・レジェンド」の構成を考えるときも、自分が何を語りたいのか、その動きで何を生み出したいのか、どんな雰囲気を見せたいのかを考えます。観客が理解してくれるか、観客が感動してくれるかをあらかじめ自分に問いかけたりはしない。自分が語りたいものがあって、それをどういうふうに伝えるかが、まず大事なんです。音楽を選び、スケーターを選び、ピアニストを選ぶ。動きを構想し、スケーターに役を演じさせるのか、スケーターの個性を前面に出すのか考える。そうすることで純粋で、本物の瞬間を創り出すことができれば、人の心を打つんです。

―― でも同時に予算を管理するプロデューサーであることも求められますよね。スケーターであり、コリオグラファーであり、プロデューサーであることを両立させるのは難しくありませんか？

ランビエル　ええ、簡単なことではありません。でも幸運なことにぼくには時間の管理や運営などをサポートしてくれるスタッフがいます。聡明で、信頼できる仲間です。ぼくはどうしても創作面に集中してしまって、そうした部分を疎かにしてしまいがちだから、そうすると彼らがぼくを連れ戻してくれるんです。ぼくは自分だけで行動しがちですが、でも何か大きなことをやるにはチームワークが必要だと過去の経験から学んだんです。

Christmas on Ice

REPORT | クリスマス オン アイス 2016

笑顔のホワイトクリスマス

「クリスマス オン アイス 2016」が12月16〜18日に開催され
髙橋大輔&ランビエルの初コラボレーションをはじめ
クリスマスムードいっぱいのアイスショーが繰り広げられた

写真：ジャパンスポーツ　文：編集部
Photos by Japan Sports Text by World Figure Skating

フィナーレではスケーターたちの異色コラボも。(左から) ボジェ、荒川静香、ジュベール、ホワイト、クーリック ©J.Song/Japan Sports

髙橋大輔。クリス・ハートとのコラボ「The Song Of Christmas」　©S.Iba/Japan Sports

　クリスマスシーズンの風物詩、「クリスマスオンアイス2016」が2016年12月16日から3日間、新横浜スケートセンターで開催された。

　プロスケーターたちが集い、クリスマスをテーマに胸はずむパフォーマンスを繰り広げるこのアイスショーは、歌手のクリス・ハートを招くのが毎回の恒例。今年も、彼のソウルフルかつ伸びやかな歌声でショーの幕が開いた。曲は「Joyful Joyful」。クリスマスの定番ソングが、冒頭から幸せな空気を運んでくる。白のセーターと色違いのマフラーを身につけたスケーターたちがオープニングに登場。

　スケーターの先頭を切ったのは次世代の期待の星。まず今シーズン、ノービスAで優勝した住吉りをん。愛らしい「くるみ割り人形」で、スピード感のある滑りを披露した。続いて、師のランビエルとともに来日、日本でのショーに初登場したラトビアのデニス・ヴァシリエフス。若くして表現者の才能を備えた新星は、「Bring Him Home」にのせ、みずみずしいエモーションに満ちた演技で会場を魅了した。

　浅田舞（17、18日のみ出演）は「オー・シャンゼリゼ」でのキュートな滑りで会場を沸かせる。エラジ・バルデが寸劇仕立てで得意のヒップホップのリズムを刻み、鈴木明子が清らかな「アヴェ・マリア」で気高いスケーティングを見せる。ブライアン・ジュベールは「ハレルヤ」。現役時代にも滑っていた曲で、円熟した現在だからこその表現を見せた。ウィーヴァー＆ポジェは「マイケル・ジャクソン・メドレー」の弾けたダンスで会場を熱くした。

　織田信成は、ハート、村上佳佑がダブルヴォーカルで聴かせる「蕾」にのせ、自らが振付けた新しいプログラムを披露。持ち味のエッジの美しさを十分に生かし、よく伸びていくスケーティングと歌声のハーモニーで魅了する。

　イリヤ・クーリックがブルース調の「I Pray on Christmas」で観客を楽しませる演技を見せたあと、4人のヴォーカリストからなるグローリー・ゴスペル・シンガーズの歌声で滑ったのは、クリスマスオンアイス初登場のメリル・デイヴィス＆チャーリー・ホワイト。「The Prayer」のスケールの大きな曲調を、2人のパートナーシップが力強く表現した。

　続いて、待望のコラボレーションだ。髙橋大輔とステファン・ランビエル、同時代に競技生活を過ごし、ともにオンリーワンの芸術的な個性で競い合った2人の初の共演。音楽の「アンセム」は、ミュージカル「チェス」より男性ヴォーカルの2重唱で高らかに謳い上げるナンバーだ。髙橋とランビエルがリンクの左右で線対称に同じ振付を滑るミ

Christmas on Ice

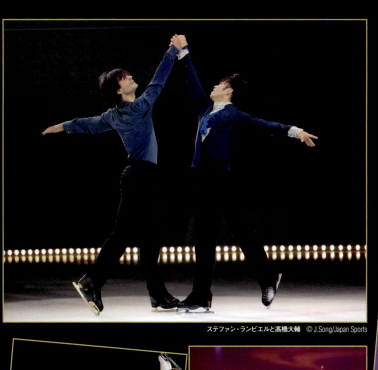
ステファン・ランビエルと髙橋大輔　© J.Song/Japan Sports

浅田舞　© J.Song/Japan Sports

エラジ・バルデ　© World Figure Skating/Shinshokan

ステファン・ランビエル
© S.Iba/Japan Sports

鈴木明子　© World Figure Skating/Shinshokan

住吉りをん　© World Figure Skating/Shinshokan

グループナンバー
© World Figure Skating/Shinshokan

ラーのステップが多く盛り込まれ、その正攻法の振付からも、2人の偉大なスケーターへのリスペクトを感じさせる。それぞれが長いスケーター人生で培ってきた異なる個性を、シンプルに、豊かに響かせ合った2人に、ひときわ大きな喝采が贈られた。

1部のトリを飾ったのは、荒川静香とハートのコラボナンバー「My Grown Up Christmas List」。切ないバラードに荒川の清冽な雰囲気がよく似合う。

グローリー・ゴスペル・シンガーズやハート、村上の歌声のパフォーマンス、さらにハートと髙橋の軽妙なトークから

デニス・ヴァシリエフス
© World Figure Skating/Shinshokan

Christmas on Ice

ケイトリン・ウィーヴァー＆アンドリュー・ポジェ
©S.Iba/Japan Sports

メリル・デイヴィス、髙橋大輔
© World Figure Skating/Shinshokan

織田信成、ステファン・ランビエル
©J.Song/Japan Sports

第2部がスタート。

　第2部は、さらに一体感のあるクリスマスの雰囲気あふれる構成に。トップバッターはバルデ。「Uptown Funk」で会場を盛り上げた。ウィーヴァー＆ポジェは「Baby, It's Cold Outside」。女性の赤いベレー帽がポイントのカップルが、初々しくもコミカルに、幸せそうなやりとりを繰り広げる。舞台を見たような満足感があるナンバーだった。

　グループナンバーでは、織田＆住吉、荒川＆ジュベール、鈴木＆ヴァシリエフスという珍しい顔合わせの3組が、楽しい雰囲気で滑る。そこへクーリックが登場し、スケールの大きな滑りで愛に満ちたクリスマスを表現した。ランビエルはクリスマスセーターを着て、「Let It Snow」を滑る。いつもよりも、可愛らしさやコミカルさを感じさせる演技だ。デイヴィス＆ホワイトの「Have Yourself a Merry Little Christmas」が続いた。

　ソロのラストを飾ったのは髙橋大輔。ハートが歌う「The Song of Christmas」とのコラボレーションだ。さまざまな感情を誘う歌声とつながりながら、過剰さのない、素直で優しいスケーティングで包み込むように滑り、"髙橋大輔の現在形"をしっかりと氷上に描き出してみせた。

　グランドフィナーレは出演スケーター全員でつづるクリスマスの贈り物。真っ白なコート姿のスケーターたちが、ろうそくを手に荘厳な世界を作り出す。暗転のあと明るくなると、そこにはクリスマスツリーと、天井から降り積もる雪が。ソロやデュエット、そして髙橋が憧れのデイヴィスと滑るシークエンスや、織田とランビエルのペアスケーティングなどもまじえてショーの最後を盛り上げ、会場はあたたかなクリスマスムードに包まれた。

フィナーレ ©S.Iba/Japan Sports

Christmas on Ice
SPECIAL TALK

滑り続ける喜びを胸に

1998年長野オリンピックの金メダル、イリヤ・クーリックと
2006年トリノ・オリンピックの金メダル、荒川静香。
オリンピック金メダリストのビッグ対談をお届けします！

SHIZUKA ARAKAWA
荒川静香

「クリスマスオンアイス」のリハーサルにて　© Manabu Takahashi

長野オリンピックの思い出

—— お2人の共通の試合体験というと、長野オリンピックだと思いますが、どんな記憶がありますか？

クーリック　ずいぶん昔の話だね。（笑）でも長野の記憶はいまも鮮明です。人生の宝物、と言ったらいいのかな。いまでも映像を見ると、自分でもすごいなと思う。がっかりしたことがあったりすると、ちょっと再生したりするんだ。やっぱりスペシャルだったなと思って、元気が出てくるんです。

荒川　長野オリンピックの前、イリヤがタチアナ・タラソワコーチと練習していたボストンのリンクで、私も夏のあいだ練習させていただいていたんです。イリヤは覚えていないと思うのだけれど。子どもがトップ選手を見られる機会は多くないので、穴が開くほど見てしまいました。（笑）コーチとマンツーマンで練習していて、オリンピックへ向かう真剣な空気が伝わってきましたね。その前に世界ジュニア選手権で優勝したときも同じ大会に出て、彼のすごさを見ていたんです。

クーリック　ああ、ブダペスト？

荒川　そうそう。だから、私にとってはつねにずっと前を歩いているスケーターとして尊敬していました。長野オリンピックではほかのどの選手よりも彼が優勝するだろうなと思っていました。

クーリック　ぼくもシズカの練習している姿を覚えていますよ。集中して、真剣にトレーニングに取り組んでいるなという印象だった。必ず勝てると信じているみたいな、その後のシズカのスケートが全部表れているみたいな滑りだった。

—— 親しくなったのはプロに転向されてからですよね。

荒川　現役のころは憧れて応援している立場だったんですけど、自分自身も引退して、一緒にショーに出る機会が増えたことで、距離が縮まったと思います。さらに今年は初めて1つのナンバーを2人で滑る機会をいただいて（2016年フレンズオンアイスでの「Memoirs of Geisha」）、それが私にとってはとても光栄でした。イリヤはプロになってもつねに努力していて、どんどん素晴らしいスケーターになっていくので、私も追いつきたいと思っているし、一緒にそうやって滑るチャンスはなかなかないですから、うれしかったです。

クーリック　あれはいいナンバーだったね。ぼくも楽しかった。

© Manabu Takahashi

WORLD FIGURE SKATING 24

イリヤ・クーリック
ILIA KULIK

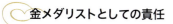
金メダリストとしての責任

—— ともにオリンピックの金メダリストですけれども、金メダルによって人生はどんなふうに変わったと思いますか。

クーリック 人生がガラッと変わりました。プロに転向して、数えきれないくらいショーに出た。翌年は150公演くらい滑ったかな。劇的な変化だったけれど、可能性を追い求めるのは楽しかったし、テレビや映画などいろんな機会をもらって、そのどれもに探究心をもって臨むことができた。とても幸せだったと思う。

荒川 私もプロに転向したことで、新しい経験をする機会が増えました。スケートの楽しさを伝えていくという観点では、競技のTV中継の解説をしたり、スケート教室をしたり、もちろん自分がショーで滑ることも大切ですから、より広い視点でスケートに携わることができた。金メダリストになったことで、チャンスが広がったのだと思っています。

クーリック 同じだね。

荒川 それと同時に、金メダルを獲る以前に努力した以上に、金メダリストとして観客のみなさまの期待に応えられるようなパフォーマンスをしなくてはと思って、そのために必要な努力について、より深く考えるようになったかもしれません。

クーリック それは年を重ねるごとに大きくなるかもしれないね。トレーニングへの責任も大きくなる。あらゆることを正確に行うことで、シャープさを維持していけるんだと思う。

荒川 イリヤはどんなちょっとした練習の前でも、必ずウォーミングアップをしっかりやって備えている。あれはいつごろからそうだったのですか？

クーリック ずっとだよ。13歳くらいから？ いまは、昔よりはちょっと時間がかかるようになったけど。（笑）

荒川 スケーターのあいだでも「また1時間前からアップしてる」と結構話題にしていて。必ず走って、回転の練習をして、踊って、と順を追ってアップしているから。

クーリック 遅かれ早かれ、スケーターなら誰でも大事になってくることだと思う。誰だって、うまくいかないときはあるものだけど、そういうときも我慢して続けないと。これができない人はやめなくちゃいけなくなる。きちんと続ければ、自分が思い描く姿を維持していけるんだ。

—— クーリックさんが引退したころは、

© Manabu Takahashi

Christmas on Ice
SPECIAL TALK
SHIZUKA ARAKAWA & ILIA KULIK

1981年12月29日生まれ。プリンスホテル所属。2004年世界選手権優勝。2006年トリノ・オリンピック金メダル。現在は、プロスケーターとして国内外で活躍。日本スケート連盟副会長。

荒川静香（クリスマスオンアイス2016）© S.Iba/Japan Sports

北米がフィギュアスケートの中心地でした。ショーも多かったですよね。

クーリック 当時は完全にアメリカのフィギュアスケートの黄金時代だった。2000年から2002年にかけてはとくにすごかった。ぼくの引退のタイミングもよかったと思います。

—— いまは日本でフィギュアスケートが大きな波になっています。

クーリック 長野オリンピックで、このスポーツへの関心が大きくなったんじゃないかと感じたよ。若い世代が競技を見て、そこからたくさんのスケーターが育った。そして、シズカが前人未到の新たな成功例になった。日本でたくさんの素晴らしいスケーターが出てきたことは本当にまぶしい。夢が現実になったような感じだよね。

発想のヒントを探して

—— お2人とも、とてもアイディアが豊富で、観客を楽しませる工夫を凝らしていらっしゃいますが、アイディアはどんなふうに発想するんですか？

クーリック まずは自分自身が楽しめるかどうか、ということが大事だと思っているんです。自分のプログラムは何度も滑るわけだし、そこに喜びがあって、滑っていて楽しい内容でなくては。そうすればお客さんにも楽しんでもらえる。だからいつでも、密かに温めているアイディアが複数あるんだ。ショーではリハーサル時間がとれなかったりして、制約もあるから、毎回アイディアが実現できるわけではない。でも、ど

うにか実現できないか、いつもチャンスをうかがっています。（笑）

荒川 日常のあらゆる場面に発想のヒントはあって、「あ、これをリンクの上でやったら面白いな」と考えていますね。あとは、解説の仕事なども通して、「このスケーターとあのスケーターが組んで滑ったら面白いだろうな」とか。つねにリサーチしながら生活して、アイディアを見つけていきます。でもショーが夏にあるとしたら、春に思いついたものは自分のなかで古くなってしまう。直前まで新しいアイディアを探していますね。その時期に合わせてアイディアを出すのは結構難しいなと思います。

—— お互いに似合うと思う曲はありますか。

荒川 イリヤは、どんなジャンルでも滑りこなしてしまう人です。あえてジャンルを絞らずにやっているでしょう？　本当に、どのジャンルでも似合ってしまうのがすごいと思っています。

クーリック 自分自身がいちばん好き、というジャンルはなくて、むしろジャンル自体は好きじゃなくても、その曲のメロディが素晴らしいと感じたりすると、それで滑ってみるんだ。実験的なスタイルは刺激になるし、その刺激が滑るときにプログラムのなかに引き入れてくれるわけだから。シズカも、いろいろな

フィナーレでは2人で組んで滑るひとこまも　© S.Iba/Japan Sports

イリヤ・クーリック（クリスマスオンアイス 2016）© World Figure Skating/Shinshokan

1977年5月23日、モスクワ生まれ。1998年長野オリンピック金メダル。現在は、プロスケーターとして各国のアイスショーに出演するほか、アメリカを拠点にコーチとしても活躍。

スタイルで滑れる人。こういうスタイルと決めつけずに、普段と違うコリオグラファーと組んでみたりして、いろんなスケートを見せてくれたらいいなと思うよ。

—— 今後、どんなアイスショーをやってみたいですか。

クーリック　「クリスマスオンアイス」や「フレンズオンアイス」にはすごくユニークな雰囲気があると思う。とくにコラボレーションがいい。スケーター同士で氷上にアイディアを持ち寄って、育てていくことができるから。

荒川　やってみたいことはいくつも思い浮かぶんですけれど、もし状況が許すならば、1つのストーリーのあるものでショーを作っていけたら面白いなと思います。たとえばバレエで言えば『白鳥の湖』や『ジゼル』のようなストーリーを、役柄を決めて物語を描くわけではなくて、そのシーンごとに1曲のパフォーマンスを見せる形でストーリーを展開していけたら面白いなと。

クーリック　それはめちゃくちゃ面白そう。ぜひ実際に考えるべきだよ。スケーターも、スタッフも、そういうシズカのアイディアを実現する力のある人たちが集まっているんだから。

—— この機会にお互いに質問してみたいことはありますか？

クーリック　質問じゃないんだけど、シズカと小さなお嬢さんが一緒にいるところを見るとすごく幸せを感じるんだ。幼い娘さんの成長を見守れる、とてもいい時期にシズカはいるんだなと思って。きみたちを見ていると、ぼくもその一員になったみたいで、心が高鳴る。お嬢さん、本当にかわいいよね。

荒川　イリヤのお嬢さんはもうトリプルルッツが跳べるんですよね。イリヤとサイドバイサイドでルッツを跳んでいる動画を見せてもらったけれど、跳び方とかタイミングがイリヤとそっくり！　あれは遺伝？　それとも教え方？

クーリック　技術的な教え方のためだと思うよ。ぼくがやってきたエクササイズを娘もやっているから。遺伝子で決まるわけじゃなくて、積み重ねてきたものが自分自身を作っていくんだと思う。娘は今季、全米ジュニアに出るんだよ！（笑）「クリスマスオンアイス」で一緒に滑れたら素敵だなと思っていたけれど、学校があるから連れてはこられなかった。

—— ご自分のお子さんを教えるというのは、イライラしてしまうことなどはありませんか？

クーリック　ときどき、ものすごくイライラすることがあるよ。（笑）娘には自分で滑る時間も与えるようにしている。リラックスしないとね。普通の親子と同じです。

荒川　うちの娘はまだ滑っていないけれど、スケートを見るのは好きみたい。

クーリック　まだ彼女は小さいよ、まだまだ時間はあるよ。（笑）

—— 今日はありがとうございました。

（2016年12月、クリスマスオンアイスで取材）

© Manabu Takahashi

イリヤ・アヴェルブフのショーに出演して

アレクセイ・ヤグディンはこう語る——
「ぼくたちは観客に涙を流させ、自分の人生について難しく考えさせるような演劇劇場じゃない。イリヤ・アヴェルブフが演出するぼくたちのショーは、見た人が明るい気分になれる。殺人のシーンがある『カルメン』ですら、やさしい雰囲気を出すように努力している。みんな現実の生活の中では、苦しいことや辛いことがたくさんある。その世界から守ってほしいとぼくたちのショーにやってくるんだ。ぼくと妻が娘たちをテレビやニュースから守るように。代わりに楽しいおとぎ話を読んでいたほうがいい」。
アレクセイ・ヤグディンがメイン・キャラクターを務めるイリヤ・アヴェルブフ・カンパニーのショーは、本当に優しいおとぎ話のようだ。2015年ロシアのア

CLOSE UP

ALEXEI YAGUDIN
アレクセイ・ヤグディン

「ぼくはアイスショーで優しさや明るさを届けたい」

文：アンナ・ゴルデーワ　訳：宇都宮亜紀
Text by Anna Gordeeva　Translation by Aki Utsunomiya

1980年3月18日、サンクト・ペテルブルグ生まれ。2002年ソルトレイクシティ・オリンピック金メダル、世界選手権4回優勝など、大きな成功を収めたロシアのスーパースター。2003年競技引退後はスターズ・オン・アイスなどに出演したのち、ロシアに帰国。現在は、イリヤ・アヴェルブフ主催のアイスショーなどで活躍。妻はトリノ・オリンピックペア金メダルのタチアナ・トトミアニナ。

イリア・アヴェルブフのアイスショー「くるみ割り人形とねずみの王様」でねずみの王様を演じるアレクセイ・ヤグディン
© Ilia Averbukh's The Nutcracker and the Mouse King

イリヤ・アヴェルブフのアイスショー「カルメン」で闘牛士役で出演したアレクセイ・ヤグディン。カルメン役のタチアナ・ナフカと © Ilia Averbukh's Carmen.

ロシアで人気のアイスショーを手がけるイリヤ・アヴェルブフ（ソルトレイクシティ・オリンピックアイスダンス銀メダル）。現役選手のプログラムのコリオグラファーとしても活躍　© Ilia Averbukh's Carmen.

　アイスショーの中で話題になった『カルメン』では、ヒロイン（演じたのはタチアナ・ナフカ）は幸せな子ども時代を過ごし（船が難破したどり着いたところを助けてくれた灯台守の継父や仲の良い女友達がいた）、気立ても優しく描かれていた。しかし、それでも彼女はやはり逮捕されてしまう。タバコ工場で働いていたカルメンに工場の女主人が嫉妬

し、わざと彼女を陥れたのだ。とある青年をナイフで刺し、そのナイフをカルメンのそばに投げ捨て、カルメンは無実の罪を着せられた。その後、ホセ（演じたのはロマン・コストマロフ）に助けられて牢屋を抜け出した彼女が犯した罪といえば闘牛士に恋をしたことだ。このアイスショーでは闘牛士（アレクセイ・ヤグディン）は、人間ではなく運命の擬人化だ。ホセが裏切ったカルメンをナイフで襲った後、闘牛士は地上の世界から彼女を連れ去ってしまう。地上では幸せな踊りに満ちたいつものスペインの風景が続き、カルメンの少女時代の親友フラスキータの小さな娘が、死んだヒロインの髪を飾っていたのと同じような真紅の花を手に踊っていた。
　このアイスショーの曲調は、人生の喜び、スペインの太陽の喜び、そして

スペイン音楽の喜び。このショーのためにフラメンコの歌手と演奏者が出演。作曲家ロマン・イグナチエフがビゼーとラヴェルの音楽を編曲し、演奏者が自由に即興演奏しやすいようにアレンジした。そしてこの音楽に振り付けられたダンスはたくさんの技をただ集めただけでのものではなく（ただしヤグディンがジャンプを決めると、客席は大きくどよめいていた）、サーカス・アーティストらも出演する冷たい氷の上での太陽のシンフォニーだった。そしてスケーターたちには普段あまり経験のない演出もあった。「プロローグではみんなが樽に入った水をぼくにかけ、ぼくはその浴びた水でジタバタする、というシーンがあったんだ」とヤグディンは笑いながら言う。「アヴェルブフはそれをとても気に入っていたんだけど、ぼくはそ

のシーンはやめるように彼を説得した。なぜなら、そばにいるスケーターにはそれが水だとわかるけど、上の方のバルコニー席から見たら、ぼくが氷の中から何かを掘り起こそうとしているようにしか見えないからね。でも、その他の彼の演出アイディアはそのまま残っているよ」。

新作「くるみ割り人形とねずみの王様」

このカンパニーが2016年モスクワで披露した新しいショー『くるみ割り人形とネズミの王様』も、明るく楽しいショーというコンセプトを守っている。チャイコフスキーのメロディーとロマン・イグナチエフのメロディーを組み合わせ、モスクワのミュージカル俳優セルゲイ・リーとスヴェトラーナ・スヴェチコワがマイクを握った。ストーリーは、おなじみのおとぎ話とは少し違っている。ドロッセルマイヤー（ヴァフタング・ムルヴァニーゼ）がおもちゃのくるみ割り人形を少女マリー（タチアナ・トトミアニナ）にプレゼントし、彼女のやんちゃな兄フランツがそれを壊してしまうところまでは同じだが、その後マリーは壊れたくるみ割り人形を直してもらうため夜中にドロッセルマイヤーのところへ向かう途中、川に張った氷の下に落ちてしまう。ここで彼女を救ったのはドロッセルマイヤーの甥（マキシム・マリニン）だった。だから彼女がドロッセルマイヤーの家で眠ってしまった時に、ヒーローになったくるみ割り人形の姿で彼が夢に出てきたのだ。このショーでヤグディンは自分が演じる役にネズミの王様を選んだ。そしてこの悪役キャラクターが子どもにも大人にも大人気だった。ヤグディンが足を抱えて面白おかしく飛び跳ねたり、マイケル・ジャクソンのムーンウォークを真似したり、ネズミの王様のまま客席に入っていき子どもたちに挨拶したりした

からだ。客席では子どもたちの幸せそうな叫び声があがっていた。ネズミの王様とその妹のネズミの女王（アデリーナ・ソトニコワ）がこのロマンティックなショーの中で素晴らしいコミカルなペアを演じた。もちろん彼らは最後に魔法を使ってやらかした意地悪の報いを受ける。一方、マリーとくるみ割り人形のダンスは、やさしさとお互いへの信頼感に満ちていた。それはスケーターには絶対に必要な信頼感だ。

「サインを求めてくる人たちの中に、『うちの子どもがフィギュアスケートを始めたんです』と言う人が時々いる」とアレクセイ・ヤグディンが笑いながら言う。「ぼくは『それはお気の毒です』と冗談で返すんだ。でも本心では、ぼくたちのショーを見て、子どもたちが親にスケート靴をおねだりし、大人は自分のスケート靴が物入れのどこかにしまっ

てあるのを思い出して久しぶりに取り出してみようと思ってくれるのはとても嬉しい。観客の中から一人もオリンピック・チャンピオンが出なくたっていい、大事なのはみんながスポーツをしたいと思ってくれることだ」■

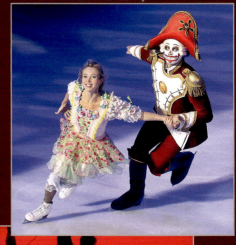

マリー役のタチアナ・トトミアニナとくるみ割り人形役のマキシム・マリニン
© Ilia Averbukh's The Nutcracker and the Mouse King.

おもちゃの兵隊たち
© Ilia Averbukh's The Nutcracker and the Mouse King.

上、下ともねずみの女王役のアデリーナ・ソトニコワと、ヤグディン © Ilia Averbukh's The Nutcracker and the Mouse King.

REPORT

エフゲニー・プルシェンコ「くるみ割り人形」
スターの光に照らされて

「スノー・キング」に続く、プルシェンコ主演の新たなアイスショーが
2016年12月、モスクワで世界初演！

文：アンナ・ゴルデーワ　訳：宇都宮亜紀
Text by Anna Gordeeva　Translation by Aki Utsunomiya

マリーと王子に変身したくるみ割り人形らは、船に乗って魔法の国を旅していく　© Yana Rudkovskaya's Management Company

クリスマスの定番から趣向を変えて

　エフゲニー・プルシェンコのアイスショー『くるみ割り人形』は、背景スクリーンに牡猫ムル（※『くるみ割り人形』の原作者E.T.A.ホフマンの代表作である長編小説のタイトルと同じ名前）が現れ、観客に語りかけるところから始まる。このショーにストーリーテラーはどうしても必要だ。なぜなら演出を手掛けた監督フィリップ・グリゴリヤンとエフゲニー・ミーシンが、物語の舞台をおなじみのおとぎ話からかなり離れたところへ設定していたからだ。

　まず私たち観客にクリスマス・スターが紹介され（イリーナ・スルツカヤの素晴らしいソロ）、猫がその星について語る。その星とは、クリスマスツリーの一番上に飾るおもちゃの星ではなく、2017年前に光りはじめたあの（ベツレヘムの）星のことだ。そして、リンクは街の人たちでいっぱいになっていく。そこは小さな街の広場で、ぼろをまとった貧しい少年ガンス（演じるのはニキータ・ミハイロフ）がシュタールバウム家の娘マリー（アナスタシヤ・マルチュシェワ）と友達になりたいと思っている。傲慢なマリーの父親（エマニュエル・サンデューが吸血鬼を思わせるような、魅力的だが冷酷なキャラクターを演じた）はガンスをクリスマスパーティーに招待しないという。そのそばを通りかかった魔法使いドロッセルマイヤー（エフゲニー・プルシェンコ）は少年を不憫に思い、彼をくるみ割り人形に変身させ、その人形はシュタールバウム家のパーティーでマリーにプレゼントされた。

　その日の夜中、マリーの寝室では、ツリーに飾ってあったクリスマス・スターがネズミたちに盗まれた。マリーとくるみ割り人形はそれを取り戻しに出発する。ネズミの王国で、ドロッセルマイヤーの連れて来た人形やおもちゃの兵隊たちに助けられ、戦いに勝利したあと、マリーとドロッセルマイヤーと王子に変身したくるみ割り人形（コンスタンチン・ガヴリン）は船に乗って魔法の国々を旅していく……そして物語はエンディングへ。マリーが目を覚ますと、クリスマス・スターの光に照らされた父親が優しくなっていて、ガンスを家に招いてもいいと言うのだった。

Plushenko "The Nutcracker"

新作「くるみ割り人形」で、ドロッセルマイヤー役を演じたエフゲニー・プルシェンコ　© Yana Rudkovskaya's Management Company

スターたちが奏でる氷上の物語

　この作品のダンスシーンは出演する3人のスケーターのコラボレーションで作り上げられた。つまりアイスショーの振付はエフゲニー・プルシェンコ、エマニュエル・サンデュー、ニキータ・ミハイロフだ。コラボ作品にありがちなように、今回のショーも結果的に少しまとまりに欠け、それぞれのナンバーが独立しているような感じもしたが、それによって見劣りすることはまったくなかった。

　シュタールバウム家での、厳格なブラック＆ホワイトの舞踏会は、洗練されたグラフィックス、空間に描かれた線描画のようでとても素晴らしかった。傲慢なシュタールバウムの登場からラストのアナスタシヤ・マルチュシェワとコンスタンチン・ガヴリンによる幻想的なデュエットまで、登場人物のモノローグやダイアローグも素晴らしかった。特にデュエットでガヴリンがマルチュ

素晴らしいソロを披露したイリーナ・スルツカヤ

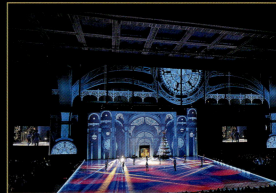

プロジェクションマッピングで幻想的で壮大な空間を作りあげた

冷酷なキャラクターを迫力たっぷりに演じたエマニュエル・サンデュー
左：マリー役のアナスタシヤ・マルチュシェワとくるみ割り人形役のコンスタンチン・ガヴリン
Photos © Yana Rudkovskaya's Management Company

シュワを上方へ連続リフトするシーンは、まるで軽い花でもジャグリングしているようだった。ネズミたちの攻撃も狡猾で、迫真の演技だった（マリーの夢の中でネズミの王様は彼女の父親だった。どれほど彼女が父親に対して怒っていたかがよくわかる）。

特に印象的だったのはイリーナ・スルツカヤの柔らかい動きだ。腕の中で目に見えない清浄なエネルギーの球が振動しながら熱を放ち、彼女はそれを、つぶさないように傷つけないように、そっと抱えているような動きだった。

そして、民族舞踊も観客を大いに沸かせた。女性ダンサーが肩に天秤棒を乗せて踊る颯爽としたロシアの踊り、マタドールがスケート靴をはいた闘牛と戦うスペインの踊り（闘牛役のスケーターは、素晴らしい表現力の持ち主で、どんな小さなジェスチャーも本当に襲いかかるような演技にして見せていた）。リンクの中央に設置されたひな壇では、サーカス・アーティストがヘビ女のようにクネクネとポーズをかえ、とぐろをまく。

もっとも大きな喝采を受けたのはいちばん小さなスケーターだった。しっかりとした滑りでリンクに登場し、円を描いたのは、4歳のアレクサンドル・プルシェンコ。プルシェンコとヤナ・ルドコフスカヤ（今回のショーのプロデューサー）の息子だ。この幼いヒーローに観客は花だけでなくおもちゃもリンクへ投げて喜んだ。

音楽はマリインスキー劇場オーケストラによる録音が使われた。チャイコフスキーの音楽の他に、アレクサンドル・シモネンコ作曲の音楽も抜粋で加わっていた。フィナーレには、ユーロビジョン・ソング・コンテスト2008で優勝した人気歌手ジーマ・ビランと輝き始めた小さなスター、9歳の歌手エリザヴェータ・アノヒナが『スター』という歌を歌った。自ら選んだ道を進むとき、どんな人にもその才能を導き見守る星があると歌っている歌だ。それはアイスショー『くるみ割り人形』の出演者全員、そしてエフゲニー・プルシェンコのことでもあるだろう。■

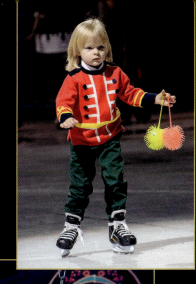

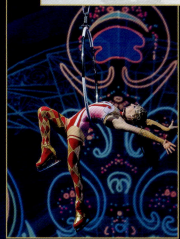

上：プルシェンコの息子アレクサンドルも出演
下：エキゾチックにショーを彩るアクロバット

Evgeni Plushenko "The Nutcracker"

スターの輝きを放ったエフゲニー・プルシェンコ　Photos © Yana Rudkovskaya's Management Company

REPORT

アート・オン・アイス 2017

最高に贅沢な
エンターテインメント

世界最大級の観客動員数を誇るスイスのアート・オン・アイス。
2月2日、恒例のチューリッヒ公演がハーレンスタディオンで開幕。
ジェイムズ・モリソンやチャカ・カーンらゲスト・アーティストとともに、
ランビエル、髙橋大輔、デイヴィス&ホワイトらが感動と興奮を届けた。

上、左とも：ステファン・ランビエルは代表作「四季」を、デニス・ヴァシリエフスとの師弟プログラムとして披露

2点とも：表現者としての進化を印象づけた髙橋大輔。ジェイムズ・モリソンとのコラボ「The Person I Should Have Been」
Photos © World Figure Skating/Shinshokan

パワフルな歌声を響かせたソウルの女王チャカ・カーン

ジェイムズ・モリソンが歌う「Please Don't Stop The Rain」でのクセニア・ストルボワ&フョードル・クリモフ

2度目の出演を果たしたショーン・ソーヤー

ジェイムズ・モリソンとの「I Won't Let You Go」で大きな喝采を浴びたサラ・マイヤー

アート・オン・アイスに初出演したロシアのアンナ・ポゴリラヤ

メリル・デイヴィス&チャーリー・ホワイトとチャカ・カーンのコラボ「Love Me Still」

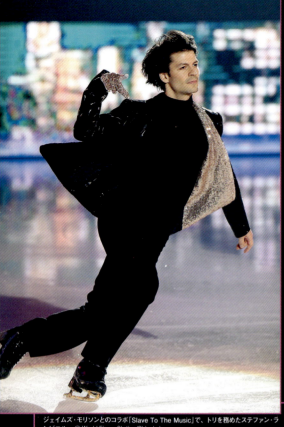

エアリアルで魅了した元ドイツ代表ペアのジガンシナ＆ガッツイ

アート・オン・アイスに初出演したデニス・ヴァシリエフス

ショーン・ソーヤーはコミカルな演技でも楽しませた

ジェイムズ・モリソンとのコラボ「Slave To The Music」で、トリを務めたステファン・ランビエル　© World Figure Skating/Shinshokan

フィナーレにて

キュートな魅力をふりまいたロシアのヤスミナ・コディロワ

アンサンブルでも活躍したカナダのエラジ・バルデ

ドイツ代表のアリョーナ・サフチェンコとブルーノ・マッソ

Photos © World Figure Skating/Shinshokan　40

22年の歴史をもつスイスのアート・オン・アイス（AOI）は、大物ミュージシャンとトップスケーターのコラボレーションが毎回話題のアイスショーだ。AOIはいわゆるアイスショーという枠をはるかに超えている。会場のハーレンスタディオンには、最高水準の音響や照明、多彩に変化するセットを備え、スケーター以外に、クラシックからロックまで多様な音楽家、コーラス、オーケストラ、ダンサー、アクロバットなども出演。リンクを滑るスケーターを見たらいいのか、氷上に作られたステージで歌う歌手を見たらいいのか、どこを見たらいいのか迷ってしまうほどだ。

2月2日、チューリヒ公演初日。第1部で大きな印象を残したのは、まずステファン・ランビエルと愛弟子デニス・ヴァシリエフスとの「四季」のコラボである。ヴァシリエフスを気遣いながら滑るランビエル。最後に高速スピンで演技を終えると割れんばかりの拍手が巻き起こった。初出場のアンナ・ポゴリラヤが「Rise Like A Phoenix」、2年ぶりの出演となった髙橋大輔が「キャラバン」と、アップテンポなナンバーで会場をさらに盛り上げる。そこで登場したのが、70年代から活躍するソウルの女王チャカ・カーン。デイヴィス＆ホワイトとの「Love Me Still」、サフチェンコ＆マッソの「Ain't Nobody」、アンナ・ポゴリラヤの「I'm Every Woman」など、迫力の歌声とオーラでハーレンスタディオンの巨大な空間を満たした。

第2部では、フローラン・アモディオ、ショーン・ソーヤー、エラジ・バルデラがダンサーやアクロバットと場面を展開したあと、英国の人気ポップスター、ジェイムズ・モリソンが登場。素晴らしい歌声と演奏でスケーターとのコラボを披露した。デイヴィス＆ホワイトが「Slave To The Music」のインストルメンタル版で滑ったあと、元スイス代表のサラ・マイヤーが「I Won't Let You Go」で見事な滑りを見せた。

「キャラバン」で会場を沸かせた髙橋大輔

2015年に引退し、スポーツジャーナリストとして活動していたが、大ファンであるモリソンと共演するために、昨夏から猛練習。今回のショー限定でショースケーターに復帰した。

髙橋大輔は、「The Person I Should Have Been」で表現者としての進化を印象付けた。心に迫るプログラムを振付けたのは、AOI首席コリオグラファーのショーン・チーズマン。髙橋は「LAで振付したのですが、歌詞にあるように挫折した物語で、むしろそういうのが好きなので、やりやすかったです。エンターテインメントとして、AOIから学ぶことはすごく多い。今日は初日で緊張したけど、回を増すごとによくなっていくんじゃないかなと思い

ます」と笑顔で語った。

ジガンシナ＆ガジのエアリアル、ストルボワ＆クリモフとのコラボに続いて、ランビエルの「Slave To The Music」でゴージャスな夕べを締めくくった。

今回のショーのテーマは「人生は最高の物語を描く」。「ありふれた日常の物事は、じつはとても魅力的で感動的。意外に思えるが、AOIの歴史に非常に似合っているものだ」とAOIのCEOオリヴァー・ヘナーはコメントしている。ショーはあくまでも壮大なスケールなのだが、描かれる等身大のストーリーは観客の心に寄り添っていた。ジェイムズ・モリソンをメインに据えたことで、このテーマがいっそうくっきりと浮かび上がった。

海外アイスショーをGAORAで楽しもう！

アート・オン・アイス2017、4月放送予定！

ステファン・ランビエル、髙橋大輔 ほか 出演

 問い合わせ＝GAORAカスタマーセンター ☎0570-000-302 （午前10:00～午後8:00 年中無休）
http://www.gaora.co.jp

Art on Ice

REPORT

インティミッシミ・オン・アイス 2016
星空の下のスペクタクル

イタリア・ヴェローナのローマ遺跡を舞台に、フィギュアスケートと音楽、
そしてファッションを融合させたアイスショー
「インティミッシミ・オン・アイス」が今回で3回目を迎えた。
テノール歌手アンドレア・ボチェッリの歌声にのって、
華麗に舞うステファン・ランビエル、カロリーナ・コストナーらトップスケーターたち。
星空の下で繰り広げられた極上のパフォーマンスに、2万人の観客が酔いしれた。

取材協力&写真提供:カルツェドニアジャパン

古代ローマの円形競技場アレーナ・ディ・ヴェローナで開催されたインティミッシミ・オン・アイス

元フィンランド代表のキーラ・コルピがベル役、ステファン・ランビエルがヒーロー役を演じた

アイスショーは数多くあれども、ここでしか見られないというショーもある。「インティミッシミ・オン・アイス」がまさにそれだ。会場は、古代ローマの遺跡「アレーナ・ディ・ヴェローナ」。毎年夏に有名なオペラ・フェスティバルが開催される巨大な野外劇場が、秋にはスケートリンクに変貌する。ヴェローナに本拠地を置くイタリアのランジェリー・ブランド「インティミッシミ」の名を冠した世界屈指のアイスショーを見るために、今回も世界中から観客が詰めかけた。

ボチェッリの歌声で舞うスターたち

10月7、8日に開催された2016年のショーのテーマは「One Amazing Day」。男女2人の主人公が、現実と夢の狭間で繰り広げる24時間を描くストーリーだ。20曲を超えるオペラやポップスのナンバーとともに、トップスケーターとソリスト歌手を中心に、アンサンブル、コーラス、ダンサーたちが不思議な世界を作り上げていく。

扇子状に作られたリンク。その奥にステージ、背面には古城のようにも高層ビルのようにも見える壁のようなセットが組まれている。幕開けにボチェッリがアレーナ・ディ・ヴェローナの闇の中から現れ、『トスカ』のアリア「星は光りぬ」を歌い始めると、観客は一気に幻想の世界に引きこまれた。

インティミッシミ・オン・アイス初出演のキーラ・コルピはベル役を生き生きと演じ、ヒーロー役のランビエルは、ドラマティックな滑りでショーをもり立てた。地元イタリアのコストナーは、ベルが迷い込む夢の世界に、蝶の妖精として登場。アンドレア・ボチェッリのピアノ演奏と力強い歌声に合わせて、プレスリーの「好きにならずにいられない」で華麗な滑りを魅せた。今回初出演のエフゲニー・プルシェンコはスペシャルゲストとして後半に登場し、マイケル・ジャクソンの「They Don't Care About Us」でカリスマの本領発揮。瞬く間に観客の視線を釘付けにし、滑り終えると、花道をさっそうと歩き去った。

トリはボチェッリの「誰も寝てはなら

スペシャル・ゲストとして登場したエフゲニー・プルシェンコ

白いゴージャスな衣装をまとったカロリーナ・コストナー。高貴さが漂う美しい滑りで客席を魅了

ぬ」。壮大な空間のなか、高らかに響くテノールに合わせて踊るランビエルはまさに氷上のダンサーだった。2時間の夢のようなひと時を締めくくるにふさわしいコラボレーションとなった。

オスカー受賞者が衣装をデザイン

インティミッシミ・オン・アイスは、制作するスタッフにもユニークなメンバーが顔を揃える。演出は、ロンドン・オリンピック閉会式で芸術監督を務めたキム・ギャヴィン。音楽監督にはピーター・ガブリエルやコールドプレイを手がけるジョン・メトカーフを起用。舞台セットは、マドンナ、レディーガガなどのワールドツアーを担当したストゥフィッシュ・エンターテインメント・アーキテクツが制作した。

そしてなんといっても、このショーにおいて、大きな役割をもつのが衣装である。今回の衣装デザインを担当したのは、『マリー・アントワネット』などアカデミー賞に4度輝くミレーナ・カノネロだ。豊かな色彩感覚と抜群のセンスで高名なカノネロは、本来他人に見せるものではないランジェリーを、洗練された見事なコスチュームに昇華させた。「インティミッシミのランジェリーを取り入れた衣装を創ることは挑戦でした。今回の企画は世界でもっとも高名なオペラの野外劇場で開催されるもの。ファッションショーではなく、美しいスケートと音楽のショーであることが私を魅了し、動かしてくれたのです」とコメントを寄せた。

かつてこの劇場で「オペラ・オン・アイス」などを手がけ、現在インティミッシミ・オン・アイスのクリエイティブ・ディレクターを務めるマルコ・バリッチは、このショーを見逃すべきではない理由として、「ブロードウェイスタイルのミュージカルのなかにどっぷりつかれる経験、素晴らしい身体パフォーマンス、ユニークなロケーション」を挙げる。3つの要素がいずれも欠くことのできないパーツを構成しているインティミッシミ・オン・アイス。1度はぜひ現地で見てほしいアイスショーの1つであることはいうまでもないだろう。

「カルメン」からのナンバーを歌うメゾソプラノ歌手のマルティナ・ベッリ

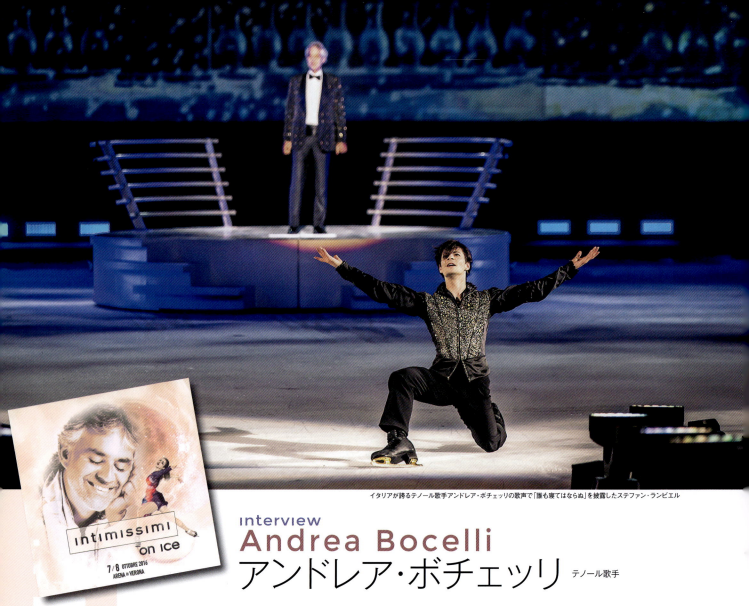

イタリアが誇るテノール歌手アンドレア・ボチェッリの歌声で「誰も寝てはならぬ」を披露したステファン・ランビエル

interview
Andrea Bocelli
アンドレア・ボチェッリ テノール歌手

「美」のもつ力によって、観客の方々に強いインパクトを

—— インティミッシミ・オン・アイスのどこに惹かれ、出演を決めたのですか？

「素晴らしいアイデアだと思います。オペラにあまりなじみのない方々にもオペラの不思議な魔力を知っていただく、壮大で、とても魅力的なチャンスとなりますからね。それに、このような最高レベルのスポーツ・パフォーマンスは、それ自体、紛れもなく１つの芸術表現ということができるでしょう」

—— インティミッシミ・オン・アイスは、オペラ、ポップミュージック、アイススケート、そしてファッションが１つになったショーです。この新しいコミュニケーションの手段についてはどう思いますか。

「音楽と他の分野のコラボレーションを特に意識しているわけではありませんが、こうした催しは、すべての分野の共通点である「美」のもつ力によって、観客の方々に強いインパクトを与えることができると思います。しかもこれは、オペラには本来、大衆を楽しませる使命があるという、私が大切にしているコンセプトを表現しています」

—— あなたにとって、ヴェローナの町とは？ヴェローナでは、たとえばルチアーノ・パヴァロッティと歌ったり、何度も歌ってきました。このアレーナ野外劇場で歌うことについてどのように感じていますか。

「ヴェローナはすばらしい町、いつ訪れても新鮮な驚きのある魔法の地です。アレーナ野外劇場はいつも私の心のなかにあり、忘れがたいひとときの証人となってきました。この世界最大の歌劇場で私がデビューしてからほぼ20年になりますが、この壮大なスケールの舞台にまた立てることは、私にとって大きな感動であり、大きな歓びでもあります」

—— 今回の公演において、主たる挑戦は何でしょうか。

「歌を歌うときに、私が挑戦することはいつも同じです。人を感動させ、自分が感動すること。やすらぎと歓びのひとときをプレゼントすること。私が愛してやまない音楽と舞台の神秘を分かち合うこと。私にとって観客とじかに触れあうことは、歌手として、そして個人として、かけがえのない、大きく再生するための機会となります」

—— ヴェローナでの公演での一番の思い出は何ですか。

「思い出すのはたとえば、ずいぶん昔の話になりますが、ロリン・マゼールの指揮で歌ったヴェルディの『レクイエム』のこと。あるいは、ドミンゴと共演したアレーナでのオペラ上演100周年記念の催しや、ルチアーノ・パヴァロッティ追悼コンサート……」

—— この公演を見逃してはいけない３つの理由を教えてください。

「最高の舞台。スポーツ界のスターたちの参加。そして、効果満点のステージ演出……」

アンドレア・ボチェッリはカロリーナ・コストナーとともにプログラムの表紙を飾った

── イタリアでお気に入りの町は？

「南はパレルモから北はボルツァーノまで、イタリアの町はどこもすばらしいです。あえて選ぶとしたら、故郷自慢にはなりますが、やはりフィレンツェでしょうか」

── 一緒に仕事をしたいと思うのはどんな人ですか？

「音楽に対する好奇心を失ったことはありませんし、芸術の感動を共有する歓びについても同様です。20年以上にわたって私は多くの歌手たちとデュエットを歌い、世界のたくさんの音楽家仲間と仕事をしてきました。したがって、一部の方のお名前を挙げるのは、他の方々に申しわけありません」

── 歌う前に特別な儀式のようなものはありますか？　舞台に立つ前はどんな気持ちですか？

「ステージに立つときは、いつでも多少は緊張しますが、そうした緊張と折り合いをつけるすべを身につけていれば大丈夫です。緊張を和らげるような儀式は行いませんし、平常心を保つための特別な手だては講じません。自分がやるべき事をしたという自覚をもつことで、不安を追い払うようにしています」

── 趣味は何ですか？

「夏場は、できるかぎり船の上で過ごすようにしています。それは自由を感じるため、自然の驚異的な力に全身で触れるためです。冬には（本当を言うと、一年中ですが）、海辺や故郷の野原で馬を乗り回すのが大好きです。それは昔からの私の楽しみなのです。泳ぐことも好きですし、サッカーやボクシングの大ファンでもあります。本もたくさん読むし、詩やアフォリズムを書いたりもします。そして、家族や気のあった友人たちと過ごすことが大好きです」

── ご自分を3つの言葉で表すと？

「仕事は特殊かもしれませんが、私は暮らしにおいても人づきあいにおいても、ごく普通の人間です。人に言わせると、私はロマンチックで情熱的な気性だそうですが……それはおそらく私が、生きていること自体が最も美しく、すばらしい授かり物であり、熱意と勇気と前向きな心をもって生き抜く価値があると思っているからでしょう。神が私に授けてくださった毎日を愛していますし、自分のまわりのすべての物事に私は興味をもっています」

── 普段はどんな音楽を聴いていますか？

「車で旅行するときには、ラジオをつけて、最新のポップミュージックも含めて、好き嫌いなく音楽を聴いていますが、家で聴くのは基本的にクラシックやオペラです。子どもの頃から耳にしていた歌声に今でも惹かれます。フランコ・コレッリ、ベニアミーノ・ジーリ、マリオ・デル・モナコ、エンリコ・カルーソ、ジュゼッペ・ディ・ステーファノ、アウレリアーノ・ペルティレ、フェルッチョ・タリアヴィーニといった歌手たちの声に……」

── 世界的に有名な歌手であることの良い面と悪い面は何ですか？

「私は人生から多くのものを授かりました。それは、到底、お返しすることができないほどです。私は人生や仲間たちへの深い感謝の思いを感じないで過ごしたことは一日もありません。マイナス面というと、20年以上も前から、一年の大部分を海外で過ごす生活が続いていることで、家庭でのくつろぎや、特に愛する家族たちと離れなければならなくなるたびに、つらい思いを味わっています。歌手生活の厳しいスケジュールが、私や妻のヴェロニカに少なからぬ負担を強いていることは否定できません。ですが、これは私

舞台セットと照明効果で幻想的な雰囲気に包まれたアレーナ・ディ・ヴェローナ

がみずから選んだ人生ですから、文句を言う筋合いのことではありません。そうした苦労はあるものの、私は愛してやまない音楽と歌を自分の仕事にして打ち込めるという特権を得ているのですから」

── 自分の仕事において、最善のことは？

「私たち音楽家は光栄にも、ジュゼッペ・ヴェルディ、ジャコモ・プッチーニ、ピエトロ・マスカーニその他多くの大作曲家たちが遺した作品と日々接することができます。私にとって、こうした傑作の数々を観客と分かち合い、そのうえ、私に対する彼らの好意と愛情を感じることができるのは、かけがえのない恵みです」

── 2人の息子さんがいますが、2人ともクラシック音楽に興味を持っていますか？

「子どもたちは2人ともピアノを勉強しています。上のアモスは宇宙工学を学ぶかたわら、音楽院にも通っています。マッテーオは高校を卒業し、今は歌の勉強にも取り組んでいるところです。上の兄たちと同様、下のヴィルジニアも生まれたときから音楽を吸収して育っています。それどころか、生まれる以前からです。ママのお腹の中で生まれるのを待つ9ヵ月間にも、彼女は毎日のように、スタジオや舞台で、あるいはオペラの録音の際に、音楽に接してきました。お気に入りの子守唄は、『トスカ』の「星は光りぬ」。これを聴くとかならず眠ってくれます。歌って聴かせるのは、もちろんパパの役目です」

（取材協力：カルツェドニアジャパン）

インティミッシミ・オン・アイス公演初日に世界中からセレブリティーが駆けつけ、ショーの開幕に華を添えた。（左から）2016秋冬のキャンペーンモデルを務めるボヤナ・クリマノヴィッチ／オリエンタルスタイルのボディスーツと黒のレザーパンツで決めたすみれ／スワロフスキー社とコラボした限定ブラをまとったエミ レナータ／中央はインティミッシミのCEOサンドロ・ヴェロネージと同マネージング・ディレクターのマッテオ・ヴェロネージ。

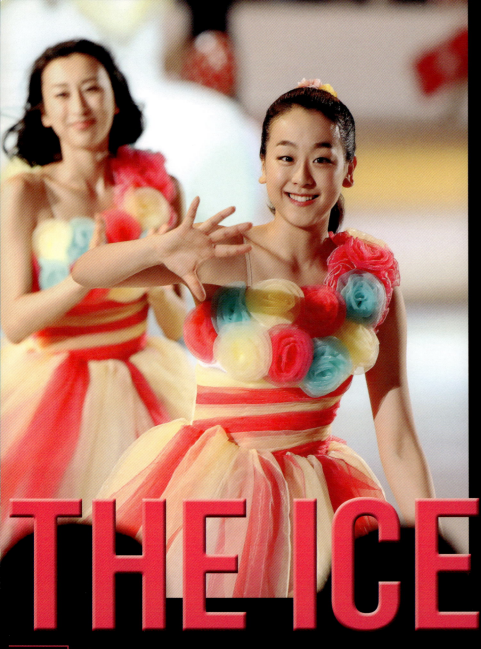

REPORT｜ザ・アイス2016

10回目のアニバーサリー

浅田真央・舞を中心に国内外のスケーターたちが集結！
記念すべき10回目の公演を3都市で繰り広げた。

写真：ジャパンスポーツ　文：編集部
Photos by Japan Sports　Text by World Figure Skating

　2007年に愛知でスタートし、2016年で記念すべき10回目を迎えた真夏の氷上祭典THE ICE。7月30日～8月11日、大阪を皮切りに、名古屋、北九州で公演を行い、浅田真央・舞を中心にスケーターたちが笑顔を届けた。

　心に残るさまざまなシーンのなかでも、今回もっとも忘れがたいのは、浅田姉妹のメドレーだ。真央と舞が「白い色は恋人の色」「レディー・マーマレイド」と過去の姉妹共演ナンバーを滑り継ぎ、さらに新作「流れゆく河」を披露。ドヴォルザーク「新世界」の有名なメロディーに乗せて、氷上にヴェールをたなびかせる美しい光景を描き出した。本格的に滑るのは6年ぶりという舞だったが、ダブルアクセルもクリーンに決め、真央と高い次元で響きあうパフォーマンスを見せてくれた。

　座長の浅田真央はまさに八面六臂の大活躍だ。開幕の大阪公演では、バッハ音楽によるEX「チェロ・スイート」で新境地を見せ、ジェフリー・バトルのデュエット・ナンバーで、ファンからの圧倒的リクエストに応えて、深みを増した「ボレロ」を披露する。「THE ICEは私にとって、毎年夏の大イベント。出番も多いですし、ここでしか見られないものもたくさんある。1曲1曲心をこめて滑っています」と話した通り、各公演地で観客への贈り物を届けた。

　今季SP「リチュアル・ダンス」が初披露された名古屋公演に続いて、初の九州上陸となった北九州公演。北九州だけのスペシャル企画として、浅田真央が全面プロデュースした「ジュピター」が上演された。これは、1月に盛岡で仙台の子どもたちと上演したもの。再び同じメンバーを招いて、九州の地で愛と祈りの空間を作り上げた。浅田と共演した中の1人、赤間天翔くん（小6）は、「何もできない自分が、真央ちゃんと一緒にこのプログラムをやることで、（4月に熊本で）地震があってつらい思いをしている人を、元気づけられるようにやりたいです」と話した。スケーターである自分にできること――それはスケート。浅田と子どもたちの祈りや願いがこめられた美しい瞬間だった。

　そのほかにも見どころが尽きなかったTHE ICE。大阪公演には、髙橋大輔と織田信成が出演。「ライラック・ワイン」でしっとりと魅せた髙橋は、宇野昌磨の演技後に氷上へ躍り出て、ノリノリで踊るミニコラボで楽しませた。織田は、滑りはもちろん、トークショーの司会やフィナーレの観客参加型ダンスの指導でも大活躍。宮原知子とフローラン・アモディオ、カロリーナ・コストナーとジェイソン・ブラウン……ここでしか見られない組み合わせのミニ企画がたくさん詰まっていた。

　スケーター全員が参加したナンバーでは、チームの一体感を味わわせてくれた。今回のオープニングは「ラプソディ・イン・ブルー」。メインキャラクターの浅田真央がいきなり登場する意表をつく演出に観客席は大喜び。白とブルーの衣装をまとった総勢18名が、グループに分かれて小粋に踊ったり、キュートな魅力を振りまいたり、ラインダンスを見せたり、観客を一気にショーの世界に引き込んだ。10回という節目を越え、THE ICEはどう進化していくのか、今後がますます楽しみだ。

グランドフィナーレにて。10回記念の巨大ケーキも氷上に出現　© Japan Sports

49 人気の高い姉妹プログラム「白い色は恋人の色」を再演。息のあった滑りを見せた浅田姉妹　©Japan Sports

Photos © Japan Sports

大人気のジェフリー・バトルとのコラボでは、多数のリクエストが寄せられた「ボレロ」を披露

生き生きと踊るフローラン・アモディオと宮原知子

大阪公演に出演した髙橋大輔。宇野昌磨との「GET OFF」

THE ICE

北九州公演では、スペシャル企画として、復興への祈りをこめた「ジュピター」を仙台の子どもたちと再演

姉妹プログラムの新作は、心が洗われるような美しい「流れゆく河」(「新世界」より)

大阪公演2回目に特別出演したランビエルが浅田真央を祝福

浅田真央のEX「チェロ・スイート」

大阪公演でダンスを指導する織田信成と村上佳菜子

オープニングを華やかに彩った「ラプソディ・イン・ブルー」。ダニエル・オシェイとザカリー・ダナヒューにリフトされる浅田真央

宮原知子と宇野昌磨

フィナーレで笑顔いっぱいのカロリーナ・コストナー

グランドフィナーレでのパトリック・チャン

Photos © Japan Sports

REPORT | フレンズオンアイス 2016

黄金の輝きを放って

荒川静香がプロデュースする「フレンズオンアイス2016」が8月26～28日、
新横浜スケートセンターで開催された。
荒川とクーリック、夢の金メダリストコラボが実現！

トリノ五輪金の荒川静香と長野五輪金のイリヤ・
クーリックが初コラボした「Memoirs of Geisha」
© S Iba/Japan Sports

オリジナルメンバーによる「誓い」。(左から)
本田武史、荒川静香、髙橋大輔、宮本賢二
©S.Iba/Japan Sports

練習拠点を同じくする4人のコラボ「Rhythm of love」
©J.Song/Japan Sports

　荒川静香、本田武史、髙橋大輔、シェイリーン・ボーン、イリヤ・クーリックらお馴染みのフレンズが集結した10周年のフレンズオンアイス(FOI)。初日に先駆け、25日に公開リハーサル「Dear Friends」が行われた。

　真っ暗なリンクのなか、衣装に電飾を施した"光るスケーター"によるパフォーマンスで11回目の幕は開いた。

　毎年楽しみなコラボナンバーは、今年は4つ。デトロイトの同じリンクで練習する佐藤有香、ジェレミー・アボット、メリル・デイヴィス、チャーリー・ホワイトは、普段の和気藹々とした練習風景を想像させる「Rhythm of love」。無良崇人と鈴木明子は、ともに競技で使用した「O」で幻想的な世界を完成させた。「誓い」は、第1回からショーを支える荒川、本田、髙橋、FOIの振付を担当する宮本賢二が参加。10年分の絆を感じさせるチームワークで観客の心を震わせた。

　そしてオリンピック金メダリスト同士による夢の共演が叶ったのが、荒川とクーリックの「Memoirs of Geisha」だ。和服風衣装の荒川と、スーツベストを着こなすクーリック。並ぶだけでも絵になる2人だが、一緒に滑ることで互いの美点である、女性らしいしなやかな身のこなし、迷いのない男性的な逞しさが、いっそう冴えて映る。観客も惜しみない拍手で2人の格調高いパフォーマンスを称えた。

　荒川のソロ「With You」は、美しい滑りに切なさが漂う。リンク中央にハンガーを吊るすなど、趣向を凝らしたステージングもさすがだった。2年ぶりの出演となった髙橋は「ライラック・ワイン」。指先、視線の動き1つ1つが憂いを感じさせ、ため息を誘う。ボーンがウエイトレスを演じた「マンボ・イタリアーノ」では、コックに扮して登場した髙橋。絶妙な間合いでコミカルな芝居を繰り広げ、会場を沸かせていた。また第1回FOIにキッズとして参加した本郷理華は、キャストとしては昨年に続いて2度目の出演。振付を手がけたボーンから声をかけられ、気合が入ったという「カルミナ・ブラーナ」は、エネルギッシュで見ごたえ十分だった。

　いっぽう、今回新たに加わったフレンズは、鈴木とのコラボで活躍した無良を含めて3組。ソチ金のタチアナ・ヴォロソジャル&マキシム・トランコフは絢爛たるオーラを振りまき、最年少の宇野昌磨は今季のSP「ヴァイオリンと管弦楽のためのファンタジー」で4回転も決めて、シーズンインに向かう好調な姿を見せた。

　フィナーレは恒例のボーン振付ナンバー。今年は「クイーン・メドレー」に乗せて、全員でロックンロール!パワフルにショーを締めくくった。

　お披露目を終えた荒川は、「少しでもスケートの魅力を感じて、競技もアイスショーもたくさんの方に応援していただけるような機会になったら」とコメント。髙橋も「また新しい見方、とらえ方でやっていくFOIのスタート」と話し、ますますの盛り上がりを期待させる10周年となった。

　3日間で5公演を駆け抜けたFOI。千秋楽には、"FOIの五男"こと、昨年3月に引退した小塚崇彦がトークコーナーに登場するサプライズでファンを喜ばせた。

文:編集部 Text by World Figure Skating

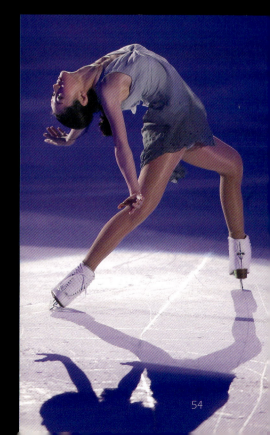

荒川静香「With You」 ©S.Iba/Japan Sports

Carnival on Ice

REPORT カーニバル・オン・アイス2016

光に包まれた祝祭の夕べ

2016年10月1日、「木下グループpresents カーニバル・オン・アイス2016」が開催。直前まで「ジャパンオープン2016」の白熱した戦いが繰り広げられたさいたまスーパーアリーナで、スケーターたちが華麗な舞を披露した。

協力：テレビ東京／IMG　撮影：ジャパンスポーツ　文：編集部
Photos by Japan Sports　Text by World Figure Skating

髙橋大輔 ©S.Iba/Japan Sports

カーニバル・オン・アイス2016の出演者たち　©S.Iba/Japan Sports

　「カーニバル・オン・アイス」は、2006年、「ジャパンオープン2006ガラ」としてスタート。翌年からは現在の名称で行われている。「ジャパンオープン」出場選手を中心に国内外からトップスケーターを迎えた、一夜限りの豪華なガラ・パフォーマンスだ。

　人気シンガー、シーアのダンサブルなナンバー「Move Your Body」に乗せた佐藤有香振付のオープニングに続いて、トップバッターは世界ジュニア・チャンピオン本田真凜の「ロミオとジュリエット」。華のあるパフォーマンスで観客を一気に自分の世界に引き込んだ。アダム・リッポンは「O」で繊細な演技を披露し、結成2年目の須崎海羽＆木原龍一は「Out of the Garage/Mission Impossible」でクールな世界を氷上に描く。樋口新葉は「白夜を行く」。上体の動きが大きく雄弁になり、表現はいっそう豊かになった。その急速な成長ぶりには目を瞠らされる。

　この「カーニバル・オン・アイス」がお披露目となった新ペア、髙橋成美＆柴田嶺は「タイスの瞑想曲」。シングル時代と比べて体格も一回り大きくなった柴田は髙橋と息の合った滑りを見せた。続くフローラン・アモディオはセクシーなラテンナンバー「Time to Salsa」で会場を盛り上げる。鈴木明子は「白鳥の湖」。チャイコフスキーに乗せ、哀しみの白鳥オデットと悪の黒鳥オディールの2人の女性のドラマを4分のなかに凝縮して表現した。

　自らの声で、9月に亡くなったスターズ・オン・アイスの衣装デザイナーでディレクターでもあった、ジェフ・ビリングスに捧げるプログラムだと観客にアナウンスして登場したのはジェレミー・アボット。サイモン＆ガーファンクル「明日に架ける橋」の歌声に寄り添い、彼の想いが見る者の心に染み通っていくような美しい滑りだった。

　黒の装束に身を包んだグレイシー・ゴールドは、アリアナ・グランデ「Best Mistake/Bang Bang」に乗せてグラマラスな演技を披露。織田信成は「Lay me Down」で柔らかく、しなやかな手触りのパフォーマンスを見せた。第1部の最後を飾ったのは荒川静香。音楽はケルティック・ウーマン「ワン・ワールド」。美しい透明感にあふれ、スケールの大きな滑りは相変わらず。観客を酔い心地にさせた。

　第2部の幕開けは、町田樹「あなたに逢いたくて」。町田はさいたまスーパーアリーナの広大な空間を活かした滑りで、徐々にエモーションが高まりゆくプログラム後半は、切ない想いが会場中にあふれんばかりだった。振付の主題は過去の恋の記憶だが、このアリーナで行われた世界選手権での町田自身の活躍の記憶と作品とが二重写しになってプログラムに新たな広がりを与える。「あなたに逢いたくて」最終公演にふさわしい素晴らしいパフォーマンスだった。

　続くアンナ・ポゴリラヤのアリアナ・グランデ「Into You」は椅子に腰掛けた姿からスタート。セクシーでゴージャス、毎回EXにさまざまな工夫をこらす彼女らしい魅力的なプログラムだ。

　ガブリエラ・パパダキス＆ギヨーム・シゼロンは昨季のフリー「Rain In Your Black Eyes/Build a Home」を披露。どこまでも音楽的でロマンティックな美しい滑りに、客席からはため息がこぼれた。アシュリー・ワグナーはジェフリー・バトル振付「スウィート・ドリームズ」。アニー・レノックスのソウルフルな歌声に乗せた、力強くダイナミックな滑りに会場は沸きに沸いた。

　宇野昌磨は「ヴァイオリンと管弦楽のためのファンタジー」で、4回転トウループ、美しい3アクセルを織り込みながら、叙情的な完成度の高いパフォーマンスを見せた。宮原知子はプッチーニのオペラ『ラ・ボエーム』より「ムゼッタのワルツ」。可愛らしく、小悪魔的な雰囲気で魅了した。

　続いて登場したのは、髙橋大輔。カーニバル・オン・アイスに登場するのは3年ぶり。観客も彼が滑り出すのをかた

Carnival on Ice

Carnival on Ice

荒川静香　©J.Song/Japan Sports
須崎海羽＆木原龍一　©J.Song/Japan Sports
髙橋成美＆柴田 嶺　©S.Iba/Japan Sports
鈴木明子　©M.Sugawara/Japan Sports
樋口新葉　©M.Sugawara/Japan Sports

エフゲーニヤ・メドヴェージェワ ©S.Iba/Japan Sports
アダム・リッポン ©S.Iba/Japan Sports
フローラン・アモディオ ©S.Iba/Japan Sports
グレイシー・ゴールド ©M.Sugawara/Japan Sports

ずを呑んで見守る。プログラムはジェフ・バックリー「ライラック・ワイン」。さりげない動きのなかに優しさと哀しさが見え隠れし、やがて希望の祈りが高橋の身体を包んでいく。アンコールでは一転、おなじみのマンボをエネルギッシュに舞って客席はスタンディング・オヴェーションに。会場の興奮は絶頂に達した。

エフゲーニヤ・メドヴェージェワはイルマ「River Flows in You」。寂しげなピアノの音色に乗せて、夢見るような風情からとびきりの笑顔、そして切なげな佇まいへとその滑りはさまざまに表情を変えていく。まさに変幻自在。16歳とは思えない表現力の広がりに驚かされる。アンコールには彼女が愛するアニメ「セーラームーン」を披露。そして、ショーの最後を飾ったのは、ハビエル・フェルナンデスだ。曲は「ダニーボーイ」。どこか懐かしさを帯びたアイルランド民謡に乗せた、その流れるような温かい滑りはこれまでとは違う彼の新たな魅力を観客に伝える。アンコールに「エアロビック・クラス」を選んだフェルナンデスは一転、陽気な滑りで会場を楽しませた。

フィナーレは「ヒール・ザ・ワールド」と「愛こそすべて」。子どもたちの幸せ、平和な世界を願うマイケル・ジャクソンの歌声が流れるなか、観客が振るペンライトがまるで星空のように見える。そして、スケーターが円陣を作ると、氷上に一条の明るい光が浮かび上がる。祈りにも似た想いに包まれるなか、1夜限りの華やかな祭典は幕を閉じた。■

Carnival on Ice

Carnival on Ice

町田 樹　©M.Sugawara/Japan Sports

町田 樹　© M.Sugawara/Japan Sports

町田 樹　©M.Sugawara/Japan Sports

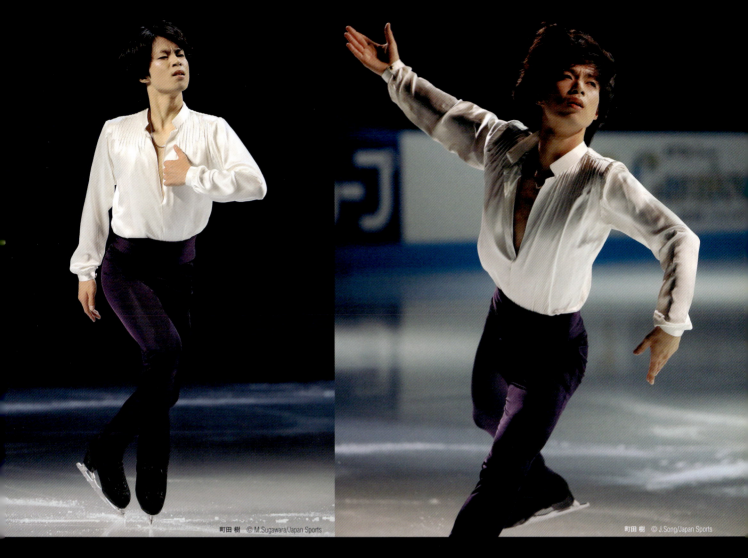

REPORT | スターズ・オン・アイス ジャパンツアー2017

極彩色のハーモニー

「木下グループpresents スターズ・オン・アイス ジャパンツアー2017」が開催され、スタースケーターたちが、新春の横浜アリーナをきらびやかに彩った。

エカテリーナ・ゴルデーワとデイヴィッド・ペルティエ。
日本で2人でのペア演技を初披露
© World Figure Skating/Shinshokan

　昨年30周年を迎えたスターズ・オン・アイス(SOI)の日本ツアー「NEW YEAR SPECIAL EDITION—その先への挑戦—」が、1月13日に開幕。国内外のトップスケーターが横浜アリーナに集まり、新たな1年の始まりを祝福した。

　メリル・デイヴィス&チャーリー・ホワイト、エカテリーナ・ゴルデーワ、ジェフリー・バトルらレギュラーメンバーによる華やかなオープニングでスタートしたSOI。オープニングをはじめ、SOIの見どころの1つであるグループナンバーは、今回もバトルが振付を担当し、音楽の魅力とスケーターの個性を融合させたプログラムが並んだ。

　なかでも出色だったのは、ジェレミー・アボット、ライアン・ブラッドリー、バトルの男性3人による「The Sound Of Silence」。フォークデュオ、サイモン&ガーファンクルの代表曲を、アメリカのヘビーメタルバンドが再録したカバーバージョンを採用したプログラムだ。会場全体に低く重く響くロックアレンジを、端正なスケーティングでシックに踊る。暗闇のなかで複雑なトレースを描く3人それぞれを、ほとんど全編スポットライトだけで追いかける粋な演出も効いて、さりげない色気が薫るクールなプログラムになっていた。

　また長年SOIの衣装デザインや演出を手がけ、2016年9月に71歳で他界した演出家ジェフ・ビリングスへ捧げる追悼プログラムも行われた。日本では、小塚崇彦の衣装をデザインしていたことでも知られるビリングス。冒頭に佐藤有香のアナウンスでプログラムへこめた追悼の意が語られたあと、「悲しみのクラウン」の切ない調べに乗せて、11人のキャストが美しい滑りとともに氷上から思いを馳せた。

　　　　　　　　＊

　ソロナンバーでも、スケートファンを楽しませるプログラムが続いた。その筆頭が、2つのオリンピック金メダルを持つゴルデーワが、同じくオリンピック金メダリストのデイヴィッド・ペルティエと組んだ「Autumn Leaves」だ。ゴルデーワは久々のペアプログラムを日本のファンに初お披露目。軽やかに宙を舞う姿は神々しく、伝説の片鱗に触れた観客は、2人が紡ぐ男女の物語に酔いしれた。

　デイヴィス&ホワイトの「Sax」は、アップテンポに踊りまくる爽快な1曲。細かなエッジ捌きでも一糸乱れぬユニゾンはさすがのひとことだ。黒のロングス

STARS ON ICE

ジェフリー・バトル「Black and Gold」 © World Figure Skating/Shinshokan
宇野昌磨「See You Again」 © World Figure Skating/Shinshokan

宮原知子「One More Try」 © World Figure Skating/Shinshokan
佐藤有香「Say You Love Me」 © World Figure Skating/Shinshokan
荒川静香「With You」 © World Figure Skating/Shinshokan

「The Sound of Silence」 © World Figure Skating/Shinshokan

カートに、黒のスカーフで顔面を覆って氷上に現れたアボットは、楽曲と照明、パフォーマンスをシンクロさせるエキセントリックな空間を演出して観客を驚かせた。

グループナンバーでコリオグラファーとしての才を発揮したバトルは、ソロ「Black and Gold」でスケーターとしても大きな存在感を放った。ファンクにエレクトロテイストを加えた洒脱な楽曲のなか、誘うような不敵な笑みを浮かべて演じていく。しなやかに流れるスケーティングでメロディをなぞりつつ、首のアイソレーションなど細かな振付でビートも逃さず可視化する圧巻のパフォーマンスだった。

＊

ゲストとして登場した日本のスケーターたちも、ショーに華を添えた。宮原知子、宇野昌磨、田中刑事、織田信成の4人によるグループナンバー「恋」は、とびきりポップで愛らしい仕上がりだ。昨年、テレビドラマの主題歌として話題を呼んだ星野源のヒットナンバーを、バトルが氷上用に再構成。サビで4人がお馴染みの"恋ダンス"を披露すると、観客も手拍子や踊りで一緒になって参加した。競技ではクラシックやタンゴで大人びた顔つきを見せる宇野も、「ずっと1人で練習をしていたので、みんなで一緒にやって楽しかった」と、はにかみながらも愛嬌たっぷり。

宮原は、ソロでもショーのトリを任される活躍ぶり。「最終滑走にふさわしい滑りができるようにがんばりたい」ということば通り、トップスケーターの風格が漂うエモーショナルで大胆な演技を披露した。グループナンバーで人懐こい表情を見せた宇野は、「See You Again」では打って変わって、艶やかな視線で観客を惹きつける。4回転ループにも積極的に挑戦し、「練習で毎日コンスタントに降りられるようになってきたので、シーズン後半、入れようかなと考えています」と大きな大会が控えるシーズン後半へも意気込んだ。田中はメリハリの利いた踊りで勢いを感じさせ、樋口新葉は抒情的な滑りで観客を楽曲の世界に浸らせる。「タイスの瞑想曲」をしっとりと舞った三原舞依は、その清廉な魅力が際立っていた。

いっぽう、荒川静香は小道具にワイシャツを用いた物語性のあるナンバーで魅せ、織田は切れ味抜群のジャンプと軽快な踊りで盛り上げる。鈴木明子の「黒鳥」は、指先まで気高さをみなぎらせたプロフェッショナルなパフォーマンスだった。

さらに全日本ジュニア選手権で表彰台に上がったジュニアスケーターたちもフレッシュな魅力を振りまいた。とりわけ会場を沸かせたのは、世界ジュニア女王の本田真凜と、今季の全日本ジュニアチャンピオン、友野一希だ。本田はCA姿で溌溂とリンクを駆ける「フラッシュダンス」、友野はサービス精神全開のQueen「We are The Champions」。友野は、「We are The Champions〜♪」のフレーズに合わせて"Jr.だけど"と書かれたバナーを掲げ、なにわっ子らしくしっかりとオチを作って会場の笑いを誘っていた。

ショーのフィナーレはジャスティン・ティンバーレイクの「Can't Stop the Feeling!」で、最後まで踊りっぱなし。世界のトップで活躍を続ける往年のスターも、これから世界のトップへ羽ばたく未来のスターも、勢揃いで音楽と戯れ、高揚感を残したままSOIの幕は閉じた。

文：編集部 Text by World Figure Skating

STARS ON ICE

ジェフ・ビリングスへ捧げた「悲しみのクラウン」
© World Figure Skating/Shinshokan

セルゲイ・グリンコフとのペアで選手として活躍し、1988年カルガリー、1994年リレハンメル、オリンピック2大会で金メダルを獲得。世界選手権4回優勝。1995年にグリンコフが急逝してからはソロのスケーターとして活動。2女の母でもある。

「Autumn Leaves」エカテリーナ・ゴルデーワ、デイヴィッド・ペルティエ（2017 スターズ・オン・アイス）　© World Figure Skating/Shinshokan

INTERVIEW

内側からスケートへの愛が
自然とあふれ出る

エカテリーナ・ゴルデーワ

EKATERINA GORDEEVA

© World Figure Skating/Shinshokan

　フィギュアスケート界にその名を刻む伝説的なスケーターの1人、エカテリーナ・ゴルデーワ。1988年カルガリー・オリンピック、1994年リレハンメル・オリンピックの2大会で、パートナーのセルゲイ・グリンコフとともにペア種目の金メダリストとなった。1995年、夫でもあったグリンコフが「スターズ・オン・アイス」の練習中に心臓発作で倒れ、世を去るという悲劇に見舞われるも、悲しみを乗り越えてソロのスケーターとして再出発。以来、アイスショーで輝かしいスケーティングを見せてきた。氷上に登場するやいなや、観客の注意を一身に集める彼女の生来の存在感はいまも少しも変わらない。新春の「スターズ・オン・アイス」ジャパンツアーで、やはりオリンピック・メダリストのデイヴィッド・ペルティエと組んで久しぶりにペア・スケーティングを披露したゴルデーワに、スケートへの想いを語ってもらった。

久しぶりのペア

—— 今回のスターズ・オン・アイス日本ツアーに参加されて、ご感想は？
ゴルデーワ　今回は初めてデイヴィッド・ペルティエと一緒に滑る機会に恵まれて、とても素晴らしいツアーになりました。ペアはずっと滑っていなかったし、とくに日本ではソロスケーターとしてしか滑ったことがありませんでした。デイヴィッドが一緒に滑ると言ってくれて、スターズ・オン・アイスが私たちを招いてくれたのはとてもうれしいことなんです。スターズ・オン・アイスは私の家族のような場所です。ソロスケーターとしての私を迎え入れてくれたショーでもあります。メンバーのクリスティ（・ヤマグチ）やユカ（佐藤有香）はまるで妹のような存在です。
—— 久しぶりのペア演技を披露されたわけですが、心構えは違いましたか。
ゴルデーワ　デイヴィッドとは1年前、セルゲイが旅立って20年という節目のアイスショーで、初めて一緒に滑ったんです。コリオグラファーのサンドラ・ベジックが「やってみたら」と言ってくれたのがきっかけでした。そのときはペアプログラムを1つだけ用意しました。私自身、ちょっと怖気づいてしまって。セルゲイのためのショーですし、ペアを滑っていいのかなと……。でもサンドラが励まして、ペアのプログラムを滑らせてくれました。とてもいい演技にすることができた。それを今回も披露できるのがうれしいです。思い出と人生を分かち合う2人の人間についてがテーマですから、見てくださる誰もがつながりを感じることができるプログラムです。そのショーで演技を見たスターズ・オン・アイスのスタッフも、このプログラムを気に入ってくれたというわけなんです。この12月にまた練習を再開したんですが、私たちにはペアのスケーティングがもう身に染みついているんでしょうね。
—— こんなにも長いあいだ第一線で滑ってこられたのは、どんなことが理由だと思いますか。
ゴルデーワ　わからないけれど、プロになってから長く続けてこられた理由とすれば、あまり自分に高いハードルを課さなかったということではないかと思います。ただ楽しむことだけを考えていたし、ジェフリー・バトル、サンドラ・ベジック、マイケル・サイバートといったコリオグラファーたちのさまざまなナンバーを滑ってくることができた。毎年、「これが最後の年だわ」って思いながら滑るんですよ。でもその次の年にはまた新しいことが持ち上がって、続けられているんです。肉体的には、ヨガやランニングが好きです

71　WORLD FIGURE SKATING

INTERVIEW
EKATERINA GORDEEVA

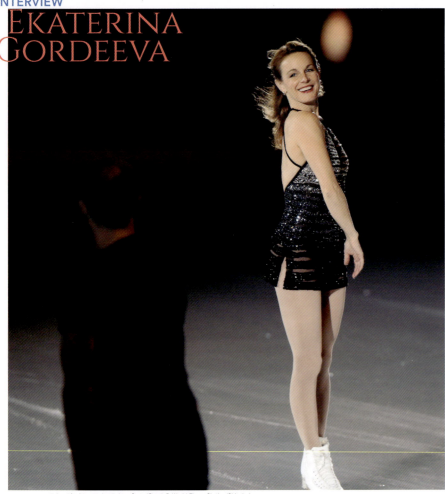

スターズ・オン・アイスのオープニングにて © World Figure Skating/Shinshokan

し、それが滑ることにもプラスになっていると思います。
—— 氷の上に出た瞬間から観客の注意を一身に惹きつけるために、どんなことを心がけていますか。
ゴルデーワ 私自身、ほかのスケーターを見ていて感じることなんですけれど、やはり内側からあふれ出るものが見ている方々を惹きつけるのだと思います。自分の内側にスケートへの愛があれば、偽る必要がないわけですから。心のなかに語りたいこと、見せたいものがあるなら、それは自然と出てくるもの。ただスケートを愛していればいいのだと思いますよ。

お互いを感じて

—— 1996年にソロスケーターとして再出発されたときのプログラムは、長年のコーチであるマリーナ・ズエワの振付でした。
ゴルデーワ あのときは、もう滑りたくない、と思っていたんです。氷上にいても、楽しいとはとても思えなかった。でもマリーナが、「1曲だけ滑ってみましょうよ」と励ましてくれて。あのエモーショナルな時期を一緒に過ごしてくれました。私が氷上に復帰し、1人のアーティストとしてのストーリーを描き続けることが、きっと彼女にとっても重要だったのだと思います。悲しみを乗り越えるのを助けてくれました。
—— スケートの魅力を、いまのゴルデーワさんはどんなふうに捉えていますか。
ゴルデーワ 私は11歳でスケートを始めたときからペアを滑ってきましたから、ペアでのスケーティングがやはり自然に感じられます。1人のスケーターが滑るよりも、2人のスケーターが滑るならさらに豊かな物語を見せることができます。だから、私は娘のリーザが滑るときはとても緊張してしまうの。彼女はシングルスケーターだから。
—— 指導者としても活動されているんですよね。
ゴルデーワ 私の1日はとても長いんです。朝4時15分に起きて、娘のリーザを学校に行く前の朝の練習に送っていきます。それから学校に送り届けて、私も自分の練習をしたり、指導をしたりします。午後には娘を学校まで迎えに行き、それから父親のイリヤ（・クーリック）が彼女を教えている間に、私は自分の生徒たちを指導します。それからリーザに夕食を食べさせて、もう寝る時間。あっという間に1日が終わってしまうんですよ。リーザは今年ジュニアの1年目で、試合では私もとてもハラハラしました。
—— ボストンでの世界選手権にもいらしてましたが、現在の競技についてどんな思いが？
ゴルデーワ アイスダンスが面白かったですね。選手たちはとても進歩し、技術的にも芸術的にも素晴らしい演技を見せています。フランスのチーム、ロシアのチーム、マリーナが教えているアメリカのチーム、それに今年はテッサとスコット（ヴァーチュー＆モイア）も加わって、とてもエキサイティングだと思うわ。また、女子の試合も楽しみました。ロシアの女子選手はとても強くて、観戦するのも楽しかった。ペア競技は、すべての種目でいちばん目立たなかったと思います。今年はもっと面白くなるといいですね。娘と一緒に行ったので、試合を見せることができてとてもよかったです。
—— 現在のペア選手に何かアドバイスをするとしたら？
ゴルデーワ ペアのパートナーシップをお互いに感じられるようになるためには時間がかかるんです。でもいまは、北米選手を中心に、数年しか組まずにパートナーを変えることが横行している。あれではうまくいきません。アイスダンスのチームはもっと長く滑っていますね。メリルとチャーリー（デイヴィス＆ホワイト）、テッサとスコットのように。ペアでは技術面よりも、お互いを感じ取り、化学反応を起こすことが大切です。私がいいなと思ったのは中国のペア（スイ＆ハン）ですね。お互いに助け合って、同じ方向へ伸びていこうとしている。まるで2人で1人のスケーターのように、お互いに結びついていました。そういうペアをもっと見たいと思います。

（1月、スターズ・オン・アイスにて取材）

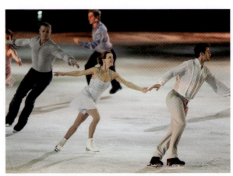

「悲しみのクラウン」© World Figure Skating/Shinshokan

Prince Ice World

REPORT プリンスアイスワールド 熊本公演

熊本へ、歌の力を！

熊本出身の歌手・森高千里がチャリティ出演して開催されたプリンスアイスワールド
ライブの歌声と多彩なスケーターの演技が、被災地に希望を届けた

協力：プリンスホテル、熊本朝日放送
撮影：ジャパンスポーツ　取材：編集部
Photos by Japan Sports　Text by World Figure Skating

上：ゲストアーティストの森高千里（中央）、熊本県PRキャラクターのくまモンも登場　©S.Iba/Japan Sports　下：熊本で初開催となったプリンスアイスワールド　©World Figure Skating/Shinshokan

熊本県出身の森高千里がチャリティ出演　©S.Iba/Japan Sports
荒川静香　©S.Iba/Japan Sports
本田真凜　©S.Iba/Japan Sports
樋口新葉　©S.Iba/Japan Sports

織田信成 ©S.Iba/Japan Sports

宇野昌磨 ©S.Iba/Japan Sports

村上佳菜子 ©S.Iba/Japan Sports

Prince Ice World
無良崇人 ©S.Iba/Japan Sports

熊本県営業部長兼しあわせ部長のくまモン　© World Figure Skating/Shinshokan
本田武史　© S.Iba/Japan Sports

　プリンスアイスワールド熊本公演が2017年1月21、22日、アクアドーム熊本で開催された。

　2016年4月、大きな地震に見舞われた熊本。熊本城をはじめ、市内各所にも現在もその被害のあとが残る。「熊本に、笑顔と感動を。」と題して行われた今回のショーには、熊本出身の歌手、森高千里がゲストアーティストとしてチャリティ出演。被災者の招待や、トップスケーターが指導するスケート教室の開催など、復興への願いのこもったショーになった。

　森高が歌ったのは、代表曲といえる「私がオバさんになっても」、そして「この街」、「雨」の3曲。ことに、「この街」は生まれ育った故郷・熊本に寄せる心を歌った名曲だ。リンクをフロートに乗って移動しながら歌う彼女の周りを、熊本の大人気キャラクター、くまモンもスケート靴を履いて一緒にスケーティングする。間奏部の熊本弁でのセリフ部分も、くまモンとのほほえましい掛け合いに。会場をほのぼのとした空気でいっぱいにした。「雨」では荒川静香とコラボレーション。しっとりとしたヴォーカルと美しいスケーティングが、愛おしいひとときを生み出していく。ショーのテーマである「J-Pops!」を表現するプリンスアイスワールドチームが、名曲の数々にのって息の合った華やかなナンバーを繰り広げて、観客を巻き込んだ楽しい空間を演出した。

　ゲストで出演した織田信成の「Lay Me Down」や安藤美姫の「マラゲーニャ」が大人の魅力でため息を誘い、宇野昌磨の「See You Again」や無良崇人の「フラメンコ」など現役最高峰の滑りに拍手がわく。村上佳菜子は「Time to say good bye」でドラマティックに滑り、樋口新葉の「白夜を行く」や本田真凜の「スマイル」は伸び盛りの勢いのある滑りで惹きつけた。また、初日は本田紗来、2日目は本田望結の本田姉妹が出演し、ともに愛らしい滑りで観客を魅了した。

　このショーのレギュラーである本田武史は「This is the Moment」で、荒川は「One World」で、それぞれ世界観をしっかりと魅せた。

　公演後、森高は「私に何ができるのかなと考えたときに、やはり私は歌手なので、歌でみなさんに元気を届けられればいいかなと思っていました。今回のお話をいただいて、すごくうれしかったです」と故郷への気持ちを話すと、荒川も「1人でも多くの方に、つらいことを忘れて楽しめる時間を作り出せたら。次の一歩への活力になる機会になることを願っています」と寄り添った。■

21日の公演にゲスト出演した本田紗来
© S.Iba/Japan Sports
© World Figure Skating/Shinshokan
© S.Iba/Japan Sports
© S.Iba/Japan Sports
© World Figure Skating/Shinshokan

Prince Ice World

INTERVIEW

安藤美姫
MIKI ANDO
自分らしさプラス新しいものを

―― 12月にはスペインでハビエル・フェルナンデスさんのショー「レヴォリューション・オン・アイス」に出演されました。新しいショーはいかがでしたか。

安藤 ショーに使った会場がもともと闘牛のパフォーマンスをする大きな会場だったんですが、満員でした。まだまだスペインではフィギュアスケートが盛んでないなか、あれだけの人が集まって、これからスペインのフィギュアスケートが盛り上がっていくうえで第1歩となるアイスショーだったと思います。そのメンバーとして滑らせていただけたのは、すごくよかったと思っています。

―― フェルナンデスさんも感無量だったんじゃないですか。

安藤 彼自身は現役選手なので、選手として試合に出ながらショーのミーティングをしなければいけない場面が多々あり、ちょっと精神面で疲れているところはあったと思います。ですが、本当にスペインの人たちのことを思いながら、少ない時間を縫って、マネージャーやクリエイターの方々と夏からミーティングを重ねていて。そういう姿を見ていたので、フィギュアスケートは本当に感動するスポーツなんだということを、スペインの人にもっともっと伝えられたらいいなと思っていました。

―― プロスケーターとして活躍を続けてこられて、いまの安藤さんのなかで"アイスショーで滑ること"への思いというのは？

安藤 そうですね。現役のころからアイスショーに出させていただく機会が多かったので、ショーナンバーはいつも2つ以上作るようにしていました。試合では挑戦できないような音楽で滑れるので、表現の面で、自分らしさにプラス、いままで見たことのないような新しいものをとり入れるよう心がけています。トップスケーターのなかに入って、ショーでどれだけ自分らしさを出せるか。選手として試合に出ていたときより、責任感がありますね。調子が悪かったら、ジャンプを1本減らしてでもミスのないようにし

77 WORLD FIGURE SKATING

INTERVIEW
MIKI ANDO

ます。もちろん調子はきちんと合わせるようにはしていますが、年を重ねるとそういったところが難しかったりもします。あとは、日本はリンク事情が難しいので、現役のころのようには練習できず、そこがちょっとたいへんです。

—— 今回、プリンスアイスワールド熊本公演でも披露した「マラゲーニャ」は、安藤さんらしさが表れているプログラムの1つですね。

安藤 「マラゲーニャ」は日本のみなさんも気に入って盛り上がってくださいます。今後も新しいものを作り続けると思いますが、「マラゲーニャ」もちょこちょこっとやっていけたらなという感じです。（笑）

—— ご自身では、自分らしさをどんなところに意識していますか。

安藤 他の日本のプロスケーターがしないような選曲をするようにしています。自分は力強い曲が得意なので「マラゲーニャ」のような曲や、あとは柔らかい曲でも歌詞に意味があるものとか。自分の気持ちをこめてお客さんに伝えられるように、メッセージ性のある曲選びや振付をしているので、そういったところは自分らしいんじゃないかなと思います。

—— 今季、大庭雅選手（中京大学）にSPを振付けました。振付を手掛けたのは、どのようなきっかけで？

安藤 最初は、私自身は振付に興味がまったくなく……。

—— そうなんですか？

安藤 はい。もう振付はしない、と自分のなかで決めていたところがあったんです。ですが、大庭選手はちっちゃいころから「美姫ちゃん」といって慕ってくれていたので、まあ話だけは聞いてみようと思って。（笑）彼女が持ってきた曲が「ミッション」で、私の代表作（2010-2011シーズンSP）というか、応援してくださっているみなさんのなかでも印象深いような曲でした。出だしの音も私のプログラムと同じものを持ってきたときは、「この曲を持ってきたか」「これで自分が振付か」と思いました。もちろん大庭選手は全日本でトップ10に入る実力のある大切な選手ですから、責任の重さ、大きさというのも感じていました。なので、どうしようかと迷っていたんですが、「絶対、美姫ちゃんにやってほしい」と言ってくれた大庭選手の思いがすごくうれしかったですし、私自身もコーチになる夢を持っているので、経験としてやってみてもいいかなと思い、引き受けることにしました。

—— 振付の過程はどうでしたか。

安藤 彼女のメインコーチである門奈（裕子）先生に相談したところ、「美姫らしさを入れてほしい」と言われたんです。私としては選手のいいところを伸ばしたい、"安藤美姫みたい"になってほしくないと思っていたのですが、「雅は美姫のことが好きだから」と言ってくださって。じゃあ、ちょっと安藤美姫らしさが垣間見えながら、でもやっぱり「大庭雅の『ミッション』だね」と言ってもらえるのがいちばんだ、と。そういうところをミックスしていきました。まだまだ表現の面では、トップの選手と比べると硬かったり、ラインが大きかったりするので、最初は「大丈夫かな？」というのが正直なところでした。

—— 大庭選手が実際に滑っているのをご覧になっていかがでしたか。

安藤 試合ごとに連絡をくれるんですが、久しぶりにすごく楽しく滑れたというメッセージが多かったですね。毎試合、毎試合で自分が成長できているのが見える、と。いままでのことはわかりませんが、表現の面だったり、手の使い方だったりというのも、自分から吸収しようという意識がすごく高いように見えました。大人の女性、大人らしいスケートを学びたいというのは素直に見えていたので、それがいい方向に動いたのかなと。彼女自身の努力と気持ちの持っていき方、メンタルが強くなった結果が全日本で出たんだと思います。春に振付けたときは、もう本当に心配で。「この曲、みんな知ってるからね」と本人にも言ったんですよ。安藤美姫が優勝したときの曲だ（2011年世界選手権SP）ってスケートを応援してくれている方はみんな知ってるから、がんばろうね、というところから始まったんですけど。（笑）でも毎試合、成長が見えるのはすごいこと。全日本で、大庭雅の「ミッション」を見ることができました。

—— これから振付をやっていこうという思いは芽生えましたか？

安藤 いや、自分からは……。ですが、他にも門奈先生のところで15人ぐらい振付をやらせていただきました。声がかかればやります。振付は、その子がスケートに向かっていく気持ちや、ちょっと違う自分に出会えるきっかけになる。私自身もニコライ（・モロゾフ）コーチと出会って、「ああ、こんな自分が出せるんだ」と、振付の先生によって変わった経験があります。選手として通過してきた道です。いまはデイヴィッド・ウィルソンや、シェイリーン（・ボーン）にも振付けていただいています。デイヴィッドには選手時代にも振付けていただいていたんですが、その当時は技術がまだなくて、デイヴィッドのプログラムをうまく滑りこなせなかった。その自分が、いま一緒にやっていて、デイヴィッドのよさを表現できるようになってきたかなと思うので、やはり新しい自分に出会うきっかけです。それでまた選手がスケートを好きになってくれたら、それはすごく幸せなことだと思いますし、選手にとって成長する分岐点にもなると思うので、声をかけていただいたら、振付は少しやっていこうかなという感じです。

—— 楽しみにしています。ありがとうございました。

（2017年1月、PIW熊本公演にて取材）

振付を手掛けた大庭雅SP「ミッション」（2016年全日本選手権）
© World Figure Skating/Shinshokan

1987年12月18日、名古屋生まれ。2002年、女子選手史上初の4回転サルコウを成功。2007年、2011年世界選手権優勝。2010年バンクーバー・オリンピック5位。2013年に現役引退後はプロスケーターとして国内外のアイスショーで活躍。今季からは選手の振付も手掛けている。

「マラゲーニャ」(2017年PIW熊本公演) ©S.Iba/Japan Sports

「氷艶 hyoen2017 -破沙羅-」に出演する
(左から) 髙橋大輔、荒川静香、市川染五郎
©Shoko Matsuhashi

フィギュアスケートと歌舞伎——世界初となる画期的なコラボレーションが、今年5月、国立代々木競技場第一体育館で実現する。タイトルは「氷艶hyoen2017 -破沙羅-」。演出は、仁木弾正役も勤める市川染五郎さんが手がけ、源義経役として髙橋大輔さん、女神役として荒川静香さんらが出演する。前代未聞のスペクタクルに挑む3人に抱負を聞いた。

待望のコラボレーション

—— 染五郎さんは演出も担当されるということですが、そもそも、今回のコラボレーションが実現するきっかけは何だったのでしょうか。

染五郎 歌舞伎とフィギュアスケートのコラボは、私がずっと前から思い描いていた夢でした。たぶん10年かそれ以上前になると思いますが、「ディズニー オン アイス」というアイスショーの存在を知り、だったら「カブキ・オン・アイス」があってもいいのではないか、そう思ったのがきっかけでした。歌舞伎にはディズニーに匹敵、いやそれ以上に個性的なキャラクターがたくさんいます。もし実現したら、世界最速の"飛び六方"（『勧進帳』の弁慶などに見られる歌舞伎の演技法のひとつ）が見られるんじゃないか……といったようなことを妄想しておりました。その夢が叶うということで、いまとてもわくわく、ドキドキしています。

—— 歌舞伎とフィギュアスケートに共通するものは何ですか？

染五郎 1つつながっているものは、やはり美しさ、艶やかさだと思います。歌舞伎とフィギュアスケートの両方の艶やかさを十分に出して、涙が出るほど、美しさで感動していただけるような作品を作りだしたい。歌舞伎とスケートのショーがコラボする初めての試みですが、やはり共通するところがないとただの組み合わせで終わってしまいます。

—— 髙橋さん、荒川さんは、今回の公演にどんなことを期待していますか。

髙橋 最初から最後まで物語がある舞台のようなアイスショーをやってみたいなという気持ちはずっとあったので、今回それに自分が取り組めるのがとてもうれしい。歌舞伎とフィギュアスケートという、世界初の素晴らしい試みになるんじゃないかと確信しています。今回は氷にプロジェクションマッピングを投影していただくので、ぼくたちスケーターや歌舞伎俳優の方々の演技と、映像が融合して、かっこいいものができたらいいなと思っています。この「破沙羅」という名前もかっこいいですね。

染五郎 「ばさら」という言葉には、常識を打ち破るという意味があるんです。そもそも歌舞伎が誕生する200年以上前の南北朝時代、とんがっている、常識をぶち壊して突き進んでいく人たち、いわゆる傾奇者（かぶきもの）のことを「破沙羅」と呼んでいたそうです。それに、この舞台も、破（バ）・サラです。まっさらであるものをさらに打ち破っていく。そういう作品に取り組む精神をタイトルにしていただきました。

荒川 私は以前からフィギュアスケート以外のものと何かコラボレーションをして、その世界観を広げられないかという漠然とした夢を抱いていたんです。今回ご一緒させていただく機会をいただいて、胸をお借りするつもりで学ばせていただきながら、しっかりそのチャンスを生かしたい。フィギュアスケーターにもこんな可能性があったんだ、歌舞伎にもこんな見せ方があったんだというような新しい感覚のエンターテインメントを作り上げられたら。子どもたちが見て、たとえばスケートをやっている子どもたちがこんな舞台をやってみたいとか、次につながる1つの機会になるように、私たちも力を添えられたらなと思います。

—— 物語や役柄の設定はどんなものになるのでしょうか。

染五郎 いい者が悪い者をやっつけるという勧善懲悪が、やはり歌舞伎の1つの大きな武器。であるならば、善とは何だろうか？ やはり美男子だ、ということで出てきたのが髙橋さんに演じていただく源義経。そして、対する極悪人として適役なのが仁木弾正。この2人は本来登場する時代がまったく違うんですけれども、時代を跳び越えた世界で美男子と極悪人を対決させるという設定にしようと考えています。それから、荒川さんの女神役。歌舞伎においては、善と悪、そして美しい女性というのはこれ以上ない鉄板のキャラクターですから。

©Shoko Matsuhashi

—— 染五郎さんは、髙橋さんにどんな義経を演じてほしいと？

染五郎 義経は髙橋さんそのものだと思います。かっこよくて、あるときは美しい。いろんな歌舞伎の作品に登場する義経という役柄は、だいたい逃げているだけで、アグレッシブにというか、義経から行動を起こす部分があまりない。ですけれども、今回登場するのは、先頭を切って戦っている義経なので、まさに髙橋さんはそのままじゃないかと思っております。

—— 髙橋さんは、自分が義経役だと聞いたときはどう思いましたか。

髙橋 源義経の善という感じが……ぼくは基本的にはちょっとダークサイドなので……。（笑）

染五郎＆荒川 （笑）

髙橋 だから、そういったものを想像しながら、他の舞台やドラマなどを見て学んでいかなきゃいけないかなと思ってます。じつはまだ一度も歌舞伎を生で拝見したことがないので、見に行きたい。歌舞伎がどういうものなのかというところから勉強していきたい。

—— 荒川さんは、歌舞伎についてはいかがですか？

荒川 和の世界観を私たちが学ぼうとしたとき、「じゃあ、歌舞伎を見てみよう」となりますよね。立ち居振る舞いやいろんな部分の所作を見て、1つ1つに意味があって、何を表現しているのかをステージの端から端までいるお客様に伝えなければならない。フィギュアスケートとまったく違った世界なので、

改めてじっくり学んでから気づかされることがたくさんあると思うんです。いまはまだ漠然としたイメージしかないんですけれども、これから「こんなに深かったんだ！」というところまでいけるように、それを取り入れられるようにしたいです。

新しいエンターテインメントに

——現在のプランでは、舞台はあくまで氷上ということですが。

染五郎 ええ。舞台は氷の上です。氷上にステージを作って歌舞伎俳優はそこ、スケーターは氷の上、というのではなく、役者もスケーターも"交ざる"ということが大事だと思うので、全員が氷の上で勝負します。私も滑ります。

——染五郎さんは、スケートの経験は？

染五郎 以前、テレビドラマでアイスホッケー選手の役をやらせていただいたとき、生まれて初めてスケート靴を履きました。ホッケーが下手なホッケー選手はいると思いますが、スケートの滑れないホッケー選手はいない。ホッケーが下手でもいいからスケートが滑れるホッケー選手を目指して、ドラマの撮影をしておりましたが、滑れるようになったころには撮影が終わってしまいました。（笑）ただスケート靴は、いつか履くときがあるだろうと思って、ずっととってありました。もう出してきてあります。滑る気は満々です。

——染五郎さんは、フィギュアスケートの魅力をどんなところに感じますか。

©Shoko Matsuhashi

染五郎 1つは、超人的なことではないでしょうか。当然ですけど、フィギュアスケートでは人間が歩いたり、走ったりするスピードではなかったり、人間では日常的には起こりえないことが起こる。その時点でファンタジーですよね！

——スケーターのお2人にはどんなイメージをもっていますか。一言で表すと？

染五郎 やっぱり、金メダル。（笑）

荒川&髙橋 （笑）

染五郎 世界一。（笑）簡単すぎるけど、でも世界一って、すごいことですからね。対象が想像できない規模ですからね。地球にいる人全部と争っている頂点ですから。もちろん才能があったうえでのことだと思うんですが、それはもう想像を絶する練習量であったりするんだと思います。またその感性。言い方が偉そうですけど、そういうものを持っていらっしゃるのは特別なこと。正直、こうやってお会いするとそれを忘れてしまうんですけど、そういう裏づけがあって、ここに存在する。そのすごさを、おそらく自分自身、今日から1日1日実感していくことになっていくと思います。

——荒川さんはご自身の衣装をデザインされたりしていますが、今回衣装については、どのように注目していますか。

荒川 今日の衣装もそうなんですけれども、VOGUE JAPANさんがヴィジュアル面でコンサルティングに入ってくださるので、歌舞伎とフィギュアスケートが1つのエンターテインメントとして、みなさまにお楽しみいただくのに、衣装を含めどのような演出になるのか私たちもすごく楽しみです。これまで歌舞伎を見るときは、「フィギュアスケートにこれを取り入れよう」というふうには見ていませんでしたが、どのような衣

©Shoko Matsuhashi

WORLD FIGURE SKATING 82

市川染五郎　Somegoro Ichikawa
歌舞伎俳優。1973年生まれ。屋号は高麗屋。1979年三代目松本金太郎として初舞台。1981年七代目市川染五郎を襲名。『勧進帳』武蔵坊弁慶、『仮名手本忠臣蔵』大星由良之助など古典の代表的な役を演じるほか、新作も披露。2015年と2016年にはラスベガス公演を成功させた。また外部の舞台でも活躍し、他分野とのコラボレーションにも意欲的に取り組んでいる。

飛びたい。(笑)
染五郎　飛びたい……いいですね！
荒川　自力であんまり跳べないので。
髙橋　そんな。(笑)
染五郎　早替りというのも私どもの1つの武器ですので、それも取り入れます。歌舞伎のよさも、フィギュアスケートのよさも十分にお見せするものにしたい。双方が混ざって化学反応を起こして、新たなエンターテインメントができればいいなと思っています。
——　どんな公演になるのか期待が高まります。本日はどうもありがとうございました。

「氷艶」というタイトルには、フィギュアスケートの氷上ならではのしなやかな表現を通して、今までにはないような日本文化を伝える艶やかな舞台を作り上げたいという思いが込められている。同時に、「氷艶」の「en」には、「演」じることへの新しい挑戦と、企画を通してさまざまな「縁」がつながっていくようにという願いも込められているという。歌舞伎とフィギュアスケートの出会いが、どんな世界を生み出すのか。いまから本番が楽しみでならない。

(2016年11月下旬に取材)
構成・文：編集部

「氷艶 hyoen2017 -破沙羅-」
日時：2017年5月20日 12:00 & 17:00、21日 12:00 & 17:00、22日 13:30 & 18:30
会場：国立代々木競技場第一体育館
出演：市川染五郎、髙橋大輔、荒川静香、市川笑也、澤村宗之助、大谷廣太郎、中村亀鶴、鈴木明子、織田信成、浅田舞ほか
http://hyoen.jp

装で私たちは歌舞伎を表現したらいいのか。それはこれから模索していく大きなポイントの1つかなと思います。可能性を新しく見出し、誰も想像しないことをやることで、みなさんに「面白かったね」「またちょっと見たいね」「気になったね」と次へのきっかけになれたらと思います。
——　メインヴィジュアルになっている歌舞伎の隈取のような特殊なメイクも印象的ですね。
髙橋　こういったメイクをしたり、すごくかっこいい服を着ると、普段とは違う自分を発見できるのかなと思っています。ですから、その意味でも今回の公演へのモチベーションはかなり高い。(笑)
染五郎　歌舞伎はもう毎日ハロウィンです。
髙橋 & 荒川　(笑)
染五郎　例えると問題があるかもしれないですけれど、わかりやすくいうと、毎日ハロウィンです。それがぼくらの仕事です。
——　フィギュアスケートのジャンプやスピンがどんなふうに歌舞伎の要素と組み合わさるのか楽しみですが、染五郎さんとしては、技術的にはどのようなものを？
染五郎　それができたら面白いだろうということを形にするのが大事じゃないかなと思うんです。何ができるかというところから始まることが多いのですが、そうすると、やっぱりびっくりするようなスケールのものにならない。まず何がしたいというのをとにかく考えて、「じゃあ、そこに向かっちゃおうよ」ということにしたいと思います。歌舞伎では宙乗りといいますけど、フライングは今回あります。
——　荒川さんは、以前に「フレンズオンアイス」でフライング経験がありますね。
荒川　フライング願望があるんですよ。

©Shoko Matsuhashi

PREVIEW
これから見られるアイスショー
情報は2月上旬現在

Fantasy on Ice 2017
ファンタジー・オン・アイス

世界で活躍するトップスケーターと人気アーティストによる華やかな氷上のエンターテインメント。豪華なスケーターたちが、さまざまなジャンルのライブミュージックで滑るコラボレーションナンバーが最大の見どころだ。これまでに多くのアーティストが参加しており、昨年は華原朋美の歌や吉田兄弟の津軽三味線などとともに、ランビエル、フェルナンデス、バトル、ウィアーらがこのショーでしか実現しないナンバーを披露した。スケーターたちが共演するグループナンバーやフィナーレも魅力いっぱい。音楽、スケート、照明、演出などあらゆる面で一流が揃うゴージャスなアイスショーだ。

2014年からは、1994年の世界選手権が行われた幕張イベントホールで幕を開けるのが恒例となり、今年も幕張公演からスタート。神戸、新潟の計3都市で開催される。
- ●5月26～28日／幕張イベントホール
- ●6月9～11日／神戸ワールド記念ホール
- ●6月16～18日／朱鷺メッセ

http://www.fantasy-on-ice.com/

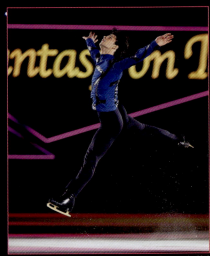
© Shutterz/Fantasy on Ice 2016

© S.Iba/Japan Sports

国内
★ ディズニー オン アイス
「Everyone's Story」ジャパンツアー

全世界70ヵ国以上で30年以上公演を続ける氷上のミュージカル。2017年は数々の名作が一堂に会する新作を上演。
- ●7月7～9日／利府町グランディ・21
- ●7月15～19日／幕張メッセイベントホール
- ●7月22～31日／日本ガイシホール
- ●8月5～13日／大阪城ホール
- ●8月17～21日／横浜アリーナ
- ●8月25～27日／マリンメッセ福岡
- ●9月2、3日／エコパアリーナ
- ●9月8～10日／サンドーム福井
- ●9月16～18日／さいたまスーパーアリーナ
- ●9月22～24日／広島グリーンアリーナ

http://www.disney.co.jp/eventlive/onice.html

海外
★ Stars On Ice

オリンピックや世界選手権のメダリストを中心としたスタースケーターが集結する「スターズ・オン・アイス」。サラエボ・オリンピック金のスコット・ハミルトンの提唱により1986年にスタート。日本公演も毎年行っているが、春にはアメリカとカナダをツアーで回っている。「North America's Premier Figure Skating Tour」

〈アメリカツアー〉
4月13日／フォート・マイヤーズ、5月4日／ハーシー、5月6日／シカゴ、5月12日／サンノゼ、5月13日／アナハイム、5月20日／シアトル、5月21日／ワナッチー

〈カナダツアー〉
4月28日／ハリファックス、30日／オタワ、5月3日／ウィンザー、5日／トロント、6日／ハミルトン、7日／ロンドン、10日／ウィニペグ、12日／レジャイナ、13日／エドモントン、14日／カルガリー、16日／ヴィクトリア、18日／バンクーバー

http://www.starsonice.com/welcome.html

★ Art On Ice

世界最大の観客動員数を誇るアイスショー。ステファン・ランビエルを中心とした個性あふれるスケーターと、ミュージシャン、ダンサーなどトップアーティストたちによるハイレベルなコラボレーションを堪能することができる。日本からは荒川静香、安藤美姫、髙橋大輔が出演経験を持つ。2月上旬に公演を終えたばかりだが、早くも2018年の開催が発表された。
- ●2018年3月1～4日／チューリヒ

http://www.artonice.com/

スターズ・オン・アイス　© Minori Yanagishima

Prince Ice World 2017
プリンスアイスワールド

1978年に誕生した日本初のアイスショー「プリンスアイスワールド」。伊藤みどり、八木沼純子ら、日本を代表するスケーターたちがこのショーで活躍してきた。2014年からは演出・構成を今村ねずみが手掛け、他にはない多彩な群舞でショーを盛り上げている。

今年は「4seasons.」をテーマに、ゴールデンウィーク恒例の横浜公演で幕を開ける。キャストの荒川静香、本田武史に加えて、ゲストとして安藤美姫、町田樹の出演も決まっている。ゲストはさらに順次発表される。

●4月29、30日、5月3〜5日各日11:00&15:30／新横浜スケートセンター
入場料：エキサイティングシート1（オリジナルグッズ付き）-22,000　エキサイティングシート2（オリジナルグッズ付き）-20,000　SS席-16,000　S席おとな-10,000　S席こども-5,000　A席おとな-7,000　A席こども-3,500　車いす席-10,000（介護1名無料）
http://www.princehotels.co.jp/iceshow/

Photos © Japan Sports

ART & ENTERTAINMENT ON ICE
好評発売中

アイスショーの世界
氷上のアート&エンターテインメント
ワールド・フィギュアスケート別冊

REVIEW 町田樹
INTERVIEW ステファン・ランビエル／ジェフリー・バトル
クローズアップ ファンタジー・オン・アイス in 幕張／プリンスアイスワールド横浜公演／アート・オン・アイス／ボイジャー・オブ・ザ・シーズ
アーティストが語るフィギュアスケート 朝夏まなと／首藤康之

A4判／定価1,944円（税込）
表紙：ステファン・ランビエル

アイスショーの世界 2
氷上のアート&エンターテインメント2
ワールド・フィギュアスケート別冊

巻頭スペシャル ファンタジー・オン・アイス
INTERVIEW ジョニー・ウィアー／ランビエル×ジュベール／荒川静香×安藤美姫
REVIEW 町田樹
SPECIAL TALK 浅田真央×髙橋大輔
アーティストが語るフィギュアスケート 熊川哲也

A4判／定価1,944円（税込）
表紙：ジョニー・ウィアー

新書館 営業部 ☎03(5970)3840　SHINSHOKAN　http://www.shinshokan.co.jp

アーティストが語るフィギュアスケート

フィリップ・ドゥクフレ

演出家・コリオグラファー

美は魔法であり、不可解なもの

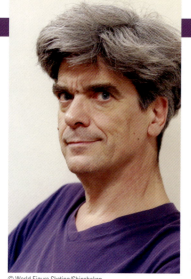

演出家・コリオグラファー。カンパニーDCA主宰。ダンスとサーカス、ミュージカルなど多彩なジャンルを融合させた幻想的な作風で知られる。代表作に『CODEX』『Petites Pièces Montées』『TRITON』『IRIS』など。1992年、アルベールヴィル冬季オリンピック開会式・閉会式の演出を担当。

© World Figure Skating/Shinshokan

　1992年、アルベールヴィル冬季オリンピックの開会式・閉会式の総合演出を手がけたのが、フランスに鬼才ありと謳われる演出家・コリオグラファーのフィリップ・ドゥクフレだ。

　ドゥクフレは、フランス・コンテンポラリーダンスの旗手として頭角を現し、30歳の若さでフランスの威信がかかった大イベントを担当。ダンスとサーカスを融合させた、キッチュで幻想的な世界観に満ちた演出は世界中の関心を集めた。奇妙な形のオブジェ、巨大な風船を頭につけて竹馬で行進する人々、高い塔から吊り下げられ空中で回転するサーカスのアーティストたち……。その振付はアルペンスキー、スケート、スキージャンプなど冬季オリンピックの種目からインスパイアされており、スポーツイベントとアートを融合させた、ほとんど最初の例として記憶されている。

　現在も、自身のダンス作品やミュージカル作品を精力的に発表するほか、シルク・ドゥ・ソレイユ初のブロードウェイミュージカル作品の演出を手がけるなど、幅広い創作活動を続けているドゥクフレ。自作『コンタクト』上演と、ミュージカル『わたしは真悟』リハーサルのため来日したショーマンに、フィギュアスケートとの関わりを聞いた。

＊

――アルベールヴィル・オリンピックの開・閉会式の演出を担当されましたが、当時はどういう経緯だったんですか。

ドゥクフレ　フランスの革命200年祭の祝典に演出補として関わったところ、オリンピックの演出家として白羽の矢が立ったのです。そのころは開会式で大掛かりなショーを行うという慣習はなかったのですが、私への依頼は、スポーツのムーヴメントの純粋さを活かした何かを作り上げてほしいというものでした。そこで、すべてのウィンタースポーツへのオマージュになるような演出を考えた。とくに、氷のスポーツ、つまりフィギュアスケートやスピードスケートについてはずいぶんと探求しました。スケートは、氷の上を滑ることによって、そこに美しいラインや空間を描き出すことができる。とくにフィギュアスケートの技術は大変進歩しているのに、その美学的見地はほとんど19世紀のまま止まっている、バレエよりも古く感じられることに驚きました。そこで、フィギュアスケートにもっと現代的な視点を導入できないか、などということも考えましたよ。

――フィギュアスケートを見るとき、どんなことに魅了されますか。

ドゥクフレ　リスクです。とても危険なスポーツだ。選手たちがリスクを取って、スピードに乗り、回転する。その強さが私を魅了します。それだけに、技術の現代性に比して、美的な面ではひどく古く感じられるのが残念ですね。これは選手の問題ではなくて、ジャッジ

マリナ・アニシナ＆グウェンダル・ペイゼラ「フラメンコ」（2002年ソルトレイクシティ・オリンピック）　© M.Sugawara/Japan Sports

WORLD FIGURE SKATING 86

取材協力：彩の国さいたま芸術劇場

右・下：フィリップ・ドゥクフレ&カンパニーDCA「CONTACT -コンタクト-」
Photos © Arnold Gröschel
2016年10月に日本で上演されたドゥクフレの舞台。不思議で奇想天外なシーンが次から次へと繰り広げられる、ドゥクフレらしいエスプリの利いたフレンチ・ミュージカルとなった。ドゥクフレは「ミュージカルに挑戦してみたかったのです。音楽、歌、ダンス、演劇、衣装、美術などがすべて融合しているところが興味深い」と語る。

の見方の問題だと思う。だからもし私が何か物申すとすれば、それはスケーターに対してではありません。私はフランスのアイスダンス選手だったグウェンダル・ペイゼラといろいろと話した経験があるんですよ。

—— 彼は魅せることに長けたスケーターですが、どんな話を？

ドゥクフレ 実現はしなかったのですが、グウェンダルと協力してアイスショーが作れないかという話があったのです。彼が公演も見に来てくれて、何度も会ったのですが、そのときも、「ルール上、表現したくてもできない」ということを話していました。フィギュアスケートにはもっと大きな可能性があることを話し合ったものです。

—— フランス人選手は個性的な表現をすることに意識的なことが多いですね。

ドゥクフレ フランスが文化の国であり、ダンスであれなんであれ、つねにクリエイティブでいようとするからでしょう。政府も後押しをしますし、観客も新しいものに対して貪欲です。ほかの国よりも創作に対して課せられる限界が少ないと感じますね。美的なもの、芸術的なものに審判を下すことに違和感を感じるのも、こうした背景から出てきている。

—— たとえば、技術面の審判と芸術面の審判を分けた場合はどうですか？

ドゥクフレ 芸術をジャッジするというのは道理が通りません。それにフィギュアスケートにはエロティックと言ってもいいもう1つの側面がある。それは口外しない取り決めなのだろうと思いますが、セクシュアリティから導かれる力強さもそこには確実にあるのです。美、エロティシズム、リズム、振付の構成、そうしたすべてに私は魅了されます。美はルールに適しません。美は魔法であり、何かに驚かされたとき、人は恋をし、心を奪われる。そういう不可解なものなのです。

—— あなたのダンスカンパニーで活躍しているダンサーの1人が、元フィギュアスケート選手だと伺いました。

ドゥクフレ もう20年以上一緒にやっていますが、彼はフィギュアスケーターであり、同時に、私が知るなかでもっとも厳密なダンサーでもある。スケートが求める基準の厳密さを、彼を見ていると感じますね。

—— さまざまな背景をもつダンサーと作品を作られています。

ドゥクフレ 私は「違い」そのものに惹かれる。バレエの訓練が目指すのは均質な身体ですが、私はそうしたダンサーのなかに太ったダンサーを見つけると、「彼は面白い」と感じる。違う者同士を1つにしたときに生まれる調和（不一致の一致）に魅力を感じるのです。私の秘訣の1つは、「美だとは思っていなかったような美を提示する」ということです。醜さのなかに美は宿り得る。美はどこにでもあるわけです。たとえば人を笑わせるピエロは、同時に悲しい存在でもある。幸福で笑ってばかりの人が、暗く辛い物語を生み出すこともある。物事は表裏一体です。それらを、自分の視点から、まずは私自身のために、描き出していきたいと思うのです。

—— アイスショーを制作する上で、なにか助言できることはありますか。

ドゥクフレ こうしなさいと言うことはありません。みな違う。感じることを信じて、自分たちがいいと思うことをやればいいのだと思いますよ。好奇心が大切です。さまざまなものを見るべきです。オープンな心で、サッカー、ダンス、演劇、珍奇なもの、音楽、美術館、どこへでも行くべき。それが自分自身を豊かにしてくれるんですから。私のダンスも、たいていは別のものから発想している。だから面白いアイスショーは、スケート以外の場所から生まれるのではないかと思いますよ。　■

Philippe Decouflé

アーティストが語るフィギュアスケート

アダム・クーパー
ダンサー・俳優

幸せと喜びあふれる「雨に唄えば」

　アダム・クーパーほど、劇場芸術を知り尽くしたアーティストは世界中を探しても簡単には見つからないだろう。幼少のころフレッド・アステアに憧れた彼は、バレエ・ダンサーとしての訓練を積み、名門である英国ロイヤル・バレエ団の最高位プリンシパルにまで昇り詰めた。だがそのころ出演したマシュー・ボーンの「白鳥の湖」の世界的ヒットが転機となり、バレエの枠を超えて活動し始める。向かったのはエンターテインメント、ミュージカルの世界だ。ヴォイストレーニングを積み、歌と芝居という新たな表現方法を身につけた彼は、最高レベルで「歌って、踊って、芝居ができる、ときには振付やプロデュースもする」稀有な存在となった。その彼の最大の当たり役が、舞台版「雨に唄えば」。舞台上に大量の雨が降るなかで喜びを謳い上げる彼の姿は新たなアイコンとなり、2014年の日本初演でもソールドアウトが相次いだ。今年4月の再演も決定している。

—— シアターアーツに関わることならなんでもこなすアダムさんですが、スケートはなさいますか？

アダム　あんまり上手じゃないね。（笑）ぼくはサウスロンドンのストリーサムで生まれ育ったんだけど、近くにリンクがあったから、兄と2人で滑りに行くのは楽しかったよ。当時、すでに歌と演技とダンスとヴァイオリンを習っていたから、あまり時間をかけられなかったのだけど。ただバレエ学校時代に「スケートをする人々」（アシュトン振付）という作品を練習して、それがとても楽しかったな。ちょうどぼくが育った80年代は、アイスダンスのジェーン・トーヴィル＆

ダンサー・俳優。ロイヤル・バレエ・スクールに学び、英国ロイヤル・バレエ団でプリンシパルとなる。1995年、マシュー・ボーン「白鳥の湖」に主演。1997年ロイヤル・バレエ団退団。その後ミュージカルへの出演・振付・制作、バレエ作品の振付など多岐にわたる活動を続け、2012年、ミュージカル「雨に唄えば」で大成功を収めた。2017年4月、2度目の日本ツアーで「雨に唄えば」に主演する。4月3日〜30日、東京・東急シアターオーブ（28公演）。
http://www.singinintherain.jp/

ヘアメイク：横溝玲奈　衣装協力：BLBG スーツ23万円、シャツ2万2000円、ともにハケット ロンドン（ハケット ロンドン 銀座☎03-6264-5362）、チーフ1万2000円、ターンブル＆アッサー（ヴァルカナイズ・ロンドン☎03-5464-5255）、その他スタイリスト私物　© Shinji Masakawa

2点ともミュージカル「SINGIN' IN THE RAIN 雨に唄えば」 Photos © Hidemi Seto

クリストファー・ディーンが強くて、とくに金メダルをとったサラエボ・オリンピックは夢中になった。それから、イギリスのスケーター、ロビン・カズンズもとても好きだった。何年か前、ロビンが制作しているアイスショーに招待してくれて、彼に会うことができたんだ。ショーもとても素晴らしかった。

── あなたの目から見て、フィギュアスケートにはどんな魅力がありますか。

アダム やはりそのアーティスティックな面に惹きつけられる。トーヴィル&ディーンが好きなのも、彼らカップルのあいだにはお互いとの化学反応があって、ぼくらダンサーが作品を作り上げるときと同じ方法で振付を作っているから。ダンサーは、その場の雰囲気を作り、物語を作り上げるけれども、彼らがやっているのは同じことなんだ。技術的な面もとてもエキサイティングだけれど、やはり、スケートを通して芸術的な面に手を届かせていこうとするところに惹かれるよ。

── フィギュアスケートでは、カート・ブラウニングが「雨に唄えば」を滑っています。

アダム 「スケーティング・イン・ザ・レイン」だね!(原題シンギン・イン・ザ・レインにかけて)彼の演技は本当に素晴らしい。ぼくが舞台でやろうとしていることと一緒だよ! ああでも、ぼくは歌って踊らなくちゃいけないけど、彼はスケート1本なのは、ちょっとズルだね?……というのは冗談。彼の滑りは映画のジーン・ケリーを思い出させるよ。ジーンもローラースケートで滑ったんだからね。

── 「雨に唄えば」のなかでも、この標題曲は特別な音楽だと思うのですが。

アダム 作品全体を通じて、幸福感が頂点に達するのがこの場面なんだ。愛と幸せで胸がはちきれそうになる。雨に濡れながら踊るのは本当に楽しいんだよ。(笑)観客席にもちょっと水がはねるから、観客のみなさんにもその楽しさと舞台に参加している感覚を感じてもらえると思う。幸せの感染力が強い舞台なんだよ。前回の日本ツアーでも、フィナーレでは連日みなさんが総立ちになってくれて、ぼくも本当に幸せだった。

── 歌、ダンス、演技など、表現の手段をたくさんもっているのは、どんな気持ちなんですか。

アダム ダンサーだったころは、「自分にはもっと与えられるものがある」と思っていた。それで歌と演技を本格的に練習して、新しい道具を手に入れた。それは全部、舞台でストーリーを語り、エモーションを見せるためのもの。ダンスがいちばん長いから、いちばん身についているけれど、どの表現手法も大切に思っているよ。舞台では、表現の技術的な側面は全部忘れて、その瞬間ごとを生きる。そうすると、すべての機会をまったく新しいものとして提示することができるんだ。

── 世界のさまざまな国で舞台を踏んでいますけれども、文化による違いを感じることはありますか。

アダム 面白いもので、以前は、国によって受け止められ方は違うと思っていたんだ。だけど世界中のいろいろな国で数限りなく舞台を務めていくなかで、じつは観客のみなさんが求めるものはとにかくいいパフォーマンスであって、そこに大きな違いはないんじゃないかと思うようになった。いいものはいい。少しはテイストの違いがあったとしても、ぼくは日本でもロンドンでもドイツでも同じように演じるし、そこに自分のアートに対する偽りや無理がなければ、どの国の人であっても受け止めてもらえると思うんだ。

── フィギュアスケートファンがあなたの舞台を見る場合は、どんなアドバイスが?

アダム オープンな気持ちで見に来てくれるとうれしいな! 音楽とダンスの幸せな結婚という点では、フィギュアスケートと少しも変わらない。それがどんな素晴らしいものを運んでくれるのか、みなさんがよくご存じでしょう。ストーリーに入り込んで、楽しんでもらえたらうれしいと思うよ。あらゆるものにオープンでいることがどんなに素晴らしいことをもたらしてくれるか、ぼくも自分のこととして知っている。機会がやってきたときに、それをつかみ取るちょっとの勇気を出すことで、新しいものが得られるんだ。どんなものに対してもそうだけど、「雨に唄えば」に関していえば、見に来る前よりも見に来た後のほうがいい気分になれることを約束するよ!■

Adam Cooper

ライブで楽しもう！ステージ＆ミュージック

フィギュアスケートのプログラムで取り上げられることの多い音楽や作品を中心に
おすすめ公演をピックアップ！　さあ劇場へ足を運んでみませんか？

バレエ＆オペラ

名プリマが舞う「ボレロ」
東京バレエ団〈ウィンター・ガラ〉
ゲストにパリ・オペラ座の大プリマにして現在芸術監督を務めるオレリー・デュポンを迎えて「ボレロ」を上演。トーヴィル＆ディーンをはじめフィギュアスケート界にも多くの名演が残る「ボレロ」を、ベジャール振付の決定版で披露する。同時上演は「中国の不思議な役人」「イン・ザ・ナイト」。
●2月22、23日／Bunkamuraオーチャードホール
[問]＝NBSチケットセンター
☎03-3791-8888
http://nbs.or.jp/

ロシア・バレエの伝統を受け継いだ世界的バレリーナのラスト・クラシック
ニーナ・アナニアシヴィリの軌跡～最後のクラシック・ガラ～
幼少期にフィギュアスケート選手からバレリーナへと転身した名プリマ、アナニアシヴィリがガラ公演を行う。Aプログラムではチャイコフスキーの「白鳥の湖」、「眠れる森の美女」、Bプログラムではミンクスの「ドン・キホーテ」など自身を代表するクラシックを日本で披露する最後の舞台。
Aプログラム
●3月16、18日／東京文化会館
Bプログラム
●3月19、20日／東京文化会館
[問]＝チケットスペース
☎03-3234-9999
http://www.ints.co.jp/nina-final/index.htm

世界最高峰のバレエ団が3年ぶりに来日
パリ・オペラ座バレエ団
「ラ・シルフィード」はオペラ座の人気演目のひとつ。ガラで上演される「ダフニスとクロエ」はフィギュアでも有名曲。ソルトレイク五輪金のヒューズ、今季のゴールドも使用する。
「ラ・シルフィード」
●3月2～5日／東京文化会館
〈グラン・ガラ〉
●3月9～12日／東京文化会館
[問]＝NBSチケットセンター
☎03-3791-8888
http://nbs.or.jp/

マリインスキー・バレエと双璧を成すロシアの名門バレエ団
ボリショイ・バレエ
名門ボリショイ・バレエが珠玉のクラシック作品とともに来日する。競技プログラムにも数多く使われる「白鳥の湖」「ジゼル」はぜひ見ておきたい作品。
「ジゼル」（グリゴローヴィチ版）
●6月4、5日／東京文化会館
「白鳥の湖」（グリゴローヴィチ版）
●6月7、8、11、12日／東京文化会館
「パリの炎」（ラトマンスキー版）
●6月14、15日／東京文化会館
[問]＝ジャパン・アーツぴあコールセンター　☎03-5774-3040
全国公演
「白鳥の湖」
●6月2日／広島●6月16日／仙台
●6月18日／大阪
「パリの炎」
●6月10日／滋賀
「ジゼル」
●6月17日／大阪
http://www.japanarts.co.jp/bolshoi_b2017/index.html

フィンランドの大人気国民的キャラクターをバレエ化！
フィンランド国立バレエ団
「たのしいムーミン一家～ムーミンと魔法使いの帽子～」を引っ提げて来日。同時上演の「北欧バレエ・ガラ」では、「白鳥の湖」や「シェヘラザード」などフィギュアスケートファンに馴染み深い作品も。
●4月22～25日／Bunkamuraオーチャードホール
●4月29、30日／フェスティバルホール
http://www.bunkamura.co.jp/

フィンランド国立バレエ団　バレエ「たのしいムーミン一家～ムーミンと魔法使いの帽子～」
Photo Saara Salmi © Moomin Characters™

熊川哲也率いるバレエ団がスケートを踊る！
K-BALLET COMPANY
スケートを題材にした「レ・パティヌール～スケートをする人々～」をカンパニー初上演。同じアシュトン振付で着ぐるみのダンサーたちが愛らしい「バレエ　ピーターラビット™と仲間たち」も上演する。
●3月15～20日／Bunkamuraオーチャードホール
[問]＝チケットスペース
☎03-3234-9999

イタリア・オペラ悲劇の頂点
新国立劇場オペラ「オテロ」
シェイクスピアの名作「オセロ」をオペラにしたヴェルディの最高傑作。パオロ・カリニャーニ指揮、マリオ・マルトーネ演出。
●4月9、12、15、19、22日／東京・初台・新国立劇場オペラパレス
[問]＝新国立劇場ボックスオフィス
☎03-5352-9999

「トゥーランドット」で知られるプッチーニの名作オペラ
NISSAY OPERA 2017「ラ・ボエーム」
名アリア「ムゼッタのワルツ」は、宮原知子が今季のSPに使用している。指揮は園田隆一郎。
●6月18、24日／日生劇場
[問]＝日生劇場　☎03-3503-3111
www.nissaytheatre.or.jp

ミュージカル＆ショー

アダム・クーパー特別来日。あの映画の名場面が蘇る！
LION presents ミュージカル「SINGIN' IN THE RAIN ～雨に唄えば～」
ロイヤル・バレエでプリンシパルとして活躍し、マシュー・ボーンの「白鳥の湖」、映画『リトル・ダンサー』でも知られるアダム・クーパーが主演。迫力満点のダンスが楽しめる、愛すべきミュージカル。
●4月3～30日　※4、10、17、24日は休演／東急シアターオーブ
[問]＝パルコステージ・インフォメーション　☎03-3477-5858
http://www.singinintherain.jp/

「雨に唄えば」メイキング番組放送！
3月4日（土）午後3時30分～ TBSにて放送予定。

今村ねずみが贈る、ノンストップ・エンターテインメント・ショー
THE CONVOY SHOW
プリンスアイスワールドの演出・構成を手掛ける今村ねずみが主宰するエンターテインメント集団「THE CONVOY SHOW」。新メンバーに、2.5次元ミュージカルで活躍する本田礼生ら4人を加えて　新公演「asiapan」を行う。
●2月25日～3月1日／東京●3月5日／北海道●3月8、9日／愛知
●3月11、12日／大阪●3月14日／福岡
http://www.theconvoyshow.com/

ミュージカル界の巨匠ロイド＝ウェバーによる世界的ロングラン作品
劇団四季「オペラ座の怪人」
1986年のロンドン初演以来、多くのスケーターからも愛されている傑作ミュージカル。
●3月25日～8月13日／KAAT神奈川芸術劇場

ニーナ・アナニアシヴィリ

TOPICS

[問]＝劇団四季予約センター（チケット）☎0120-489444
https://www.shiki.jp/

コンサート

プリンス・バンドの参加メンバーが集結！

ザ・ニュー・パワー・ジェネレーション tribute to プリンス

昨年4月に急逝したカリスマミュージシャン、プリンス。羽生結弦、ヴァーチュー＆モイアらも今季のプログラムに楽曲を使用している。4月21日の命日を前に、かつてプリンスと演奏したメンバーたちが集い、トリビュートライブを開催。プリンスの代表曲をメドレーで披露する。
●3月29日／Billboard Live OSAKA
●3月31日、4月1、2日／Billboard Live TOKYO
http://www.billboard-live.com/

アイスショーでもお馴染みの福間洸太朗出演

日本フィルハーモニー交響楽団特別演奏会

「ファンタジー・オン・アイス」や「アイス・レジェンド」でスケーターとのコラボレーションを披露してきた福間洸太朗が、日本フィルとラフマニノフ「ピアノ協奏曲第2番」などで共演する。指揮は山田和樹。
●3月30日／東京芸術劇場コンサートホール
[問]＝日本フィル・サービスセンター
☎03-5378-5911
http://www.kotarofukuma.com/

映画

弱冠32歳の新鋭監督によるミュージカル

『ラ・ラ・ランド』

いま世界中で話題のミュージカル映画。売れないピアニストのセブと女優の卵ミアが恋に落ち、互いを支え合って夢を叶えようとするが……。素晴らしい音楽、カラフルで美しい映像、映画だからできる演出を駆使した終盤の展開に圧倒される。冒頭100人超で踊るダンスシーンは必見。監督はデイミアン・チャゼル、出演ライアン・ゴズリング、エマ・ストーン。
配給：ギャガ／ポニーキャニオン
●2月24日（金）TOHOシネマズ みゆき座ほか全国ロードショー
http://gaga.ne.jp/lalaland/

EW0001:Sebastian (Ryan Gosling) and Mia (Emma Stone) in LA LA LAND. Photo courtesy of Lionsgate

レッスンでは丁寧に繰り返し指導

織田信成、東京ミッドタウンでスポーツアカデミーに参加

東京ミッドタウンに期間限定で開設される都内最大級の屋外リンク「三井不動産アイスリンク for TOKYO2020」。1月5日、そのオープニングイベントとして第6回「三井不動産スポーツアカデミー for TOKYO2020」が行われ、ゲスト講師に織田信成が登場した。

アカデミーに参加する小学生、およそ40名が見つめるなか、颯爽と登場した織田はコブクロの「蕾」を子どもたちに向けて披露した。目の前で見る大迫力のパフォーマンスに目を輝かせる子どもたちに、「スケートが好きな気持ち、一生懸命がんばる気持ちがあれば絶対上手になると思います。まずは自分で滑っていく気持ちよさを体験していただけたら」とアドバイス。新年ということで、氷の樽を割る"氷の鏡開き"を織田と子どもたちで行い、アカデミーがスタートした。

現在、関西大学で自身のコーチであり、母・憲子のアシスタントとして選手の指導にあたっている織田。指導法は、本人曰く、スパルタ。今回のアカデミーでも、笑いを織り交ぜながらも、1つ1つ真剣かつ丁寧に指導していた。参加した子どもからは「正確な動きで基礎をしっかり（教えてくれた）。スケーティングがうまくなれそう」と好評だったよう。生徒の感想を聞いた織田は、「うれしいですね。現役を引退して、教えた子たちが、ぼくなんかをはるかに超えて世界へ飛び出していくのを見守るのが夢なので」と指導者としての大きな目標を語った。

「三井不動産アイスリンク for TOKYO2020」は東京2020公認プログラム（スポーツ・健康）として認証されたアイスリンクで、営業は3月5日まで。営業時間は11時〜22時（受付は21時まで）。滑走料は大人（高校生以上）1,500円、小人1,000円。すべて貸靴料・消費税込。また同アカデミーは2月25日にも、同じく織田を講師に招いて開講される。
[問]＝東京ミッドタウン・コールセンター
☎03-3475-3100
http://www.tokyo-midtown.com

お菓子が詰まった氷の樽を割る"氷の鏡開き"

子どもたちに「蕾」の演技を披露
Photos © World Figure Skating/Shinshokan

宇野昌磨、コラントッテとアドバイザリー契約を締結

宇野昌磨が、健康ギアメーカーの株式会社コラントッテとアドバイザリー契約を締結した。同社は医療機器認証を受けた家庭用磁気健康ギア「Colantotte（コラントッテ）」を中心に製造、販売を手掛け、宇野をはじめ、ゴルフの石川遼、卓球の伊藤美誠、野球の内川聖一ら多くのトップアスリートが愛用している。

今年1月、磁気健康ネックレスに身元照会機能を備えさせるシステム「CSS（コラントッテ・セーフティ・システム）」と保険をセットにした新サービスを開始。都内で行われた発表会見には、宇野もビデオメッセージを寄せ「コラントッテは以前から愛用していて、競技中も使っています。（CSSは）急に起こるかもしれないアクシデントにも役立つシステムなので、このCSSを持って安心して外出したり、スポーツを楽しんでほしいと思います。コラントッテを身につけて、ぜひぼくのスケートの応援にも来てください」とコメントした。

会見場に展示されたトップアスリートの愛用モデル
会見に出席したコラントッテの小松克巳社長（左）と東京海上日動の高野耕一常務
Photos © World Figure Skating/Shinshokan

アート・オン・アイス2017 パーティー写真を公開！

チューリッヒ公演初日に、カメハ・グランド・ホテルで開催されたアフターパーティ
スタイリッシュな装いで出演者や関係者が華やかに集った
（公演の詳細は36頁）

今回のショーのためだけに復帰したサラ・マイヤー

AOI出演2年目のメリル・デイヴィス＆チャーリー・ホワイト

AOIの顔ステファン・ランビエル

ゲスト・アーティストのチャカ・カーン、AOIのCEOオリヴァー・ヘナー（右）、レト・カヴィーツェル（左）と

扇子が良く似合うチャカ・カーン

AOIの常連クセニア・ストルボワ＆フョードル・クリモフ

初出演のアンナ・ポゴリラヤ。ヨーロッパ選手権直後に参加した

かつてAOIのレギュラーメンバーとして活躍したロビン・ゾルコーヴィ（左）。ドイツの仲間ジガンシナ＆ガジlとと

2年ぶり2度目のスイス公演に出演した髙橋大輔

キュートなヤスミナ・コディロワ

（左から）アンサンブルとしてもショーをもり立てたショーン・ソーヤー、フローラン・アモディオ、エラジ・バルデ

アクロバットとジャグリングで見せたヴィクトール・モイセーエフ（左）

ワールド・フィギュアスケート
誌上ショッピング

トップスケーターのドキュメンタリーDVDやオフィシャルグッズ、
プログラム使用曲を収めたCDなどでフィギュアスケートの世界をさらに楽しもう!

髙橋大輔 D1SK+ フィルムクリアふせん 【NEW】 GOODS
- 22×38mm ● 台紙付き ● 500円

クールなオフィシャルロゴ「D1SK+」でおなじみの髙橋大輔オフィシャルグッズシリーズから、スライド式ふせんが新登場! クリアふせんは写真付き台紙から1枚ずつ取り出せ、写真とロゴ各2種類の絵柄が楽しめる。

髙橋大輔 クリアファイルセット GOODS
- A4サイズ/各3枚セット ● 各1028円

毎回大好評の髙橋大輔選手のクリアファイルセット。各セットとも写真入りのファイル2枚と「D1SK+」のロゴ入りのファイル1枚の計3枚組。
＊Cセットは売切。

Aセット　Bセット　Dセット

髙橋大輔 The Real Athlete Blu-ray/DVD
特典 髙橋大輔ポストカード3枚セット!
- 243分+特典59分 ● 2015年
- DVD/8,640円　Blu-ray/10,800円 ● 各2枚組

名実ともにフィギュアスケート史に残る髙橋大輔。全日本選手権を中心に、オリンピックや世界選手権など、数多くのファンを魅了してきた美しさと強さをもった名演技の数々を収録。20年におよぶ唯一無二のスケーターのこれまでの軌跡をたどるファン待望のドキュメンタリー&演技集。封入特典にオリジナルフォトブック。

浅田真央プロデュース 「ジュピター〜未来への光〜/リベラ」 CD
- 1,188円

浅田真央が、震災から5年目を迎えた2016年、衣装、日本語詞を含め、新たな「ジュピター」を総合プロデュース。収録曲は「ジュピター〜未来への光〜(浅田真央プロデュース)」のほか、リベラの最新メンバーが録音した「誓い〜ジュピター2016」、作曲家村松崇継とリベラが共同制作した「ホーム」の3曲。

髙橋大輔 Anthology Blu-ray
特典 髙橋大輔
1. 複製サインステッカー!
2. ポストカード3枚セット!
- 333分 ● 2015年 ● Blu-ray 3枚組/15,228円
- 『髙橋大輔』『髙橋大輔 Plus』『髙橋大輔 D1SK』の3枚組

髙橋大輔の大人気シリーズDVD「髙橋大輔」「髙橋大輔 Plus」「髙橋大輔 D1SK」がついに待望のブルーレイ化! 最新インタビューなどを加え、新たに3枚組ブルーレイボックスとして登場。ブルーレイのみの特典として、クリスマスオンアイス2014でサプライズ披露されたcoba生演奏による「eye」と、幻の「OCEAN WAVES」の貴重映像を収録。

Oh! スケトラ!!! ユーリ!!! on ICE/オリジナル・スケートソングCOLLECTION 【NEW】 CD
- 3,240円

男子フィギュアスケートを描いた人気TVアニメ「ユーリ!!! on ICE」の世界を彩るフィギュアスケートソングコレクションが1枚のアルバムとなって登場! 「愛について〜Eros〜」など、オリジナルで作られた楽曲24曲を収録。多彩なゲストミュージシャンとのコラボにも注目。描き下ろしジャケット。

©はじつ町民会/ユーリ!!! on ICE 製作委員会

花は咲く on ICE 〜荒川静香 羽生結弦〜 DVD
- 本編52分+特典20分 ● 2015年
- 封入特典：フォトブック(カラー20頁) ● 3,240円

東北出身の金メダリスト2人が復興への願いをこめて披露したNHK復興支援ソング「花は咲く」。それぞれの演技と舞台裏を追ったドキュメンタリー番組を収録。特典映像として、未公開シーンを含むロングインタビューも。

高性能双眼鏡 カブキグラス GOODS
- レンズ径 13mm ● 倍率4倍 ● 92g ● 日本製 ● 32,400円

眼鏡タイプの画期的な高性能双眼鏡。掛けたまま拍手でき、手ブレもありません。オートフォーカス機能で、選手のスケーティングに合わせて自然にピント調整。試合やアイスショー観戦でも役立つはず。
★附属品：専用持ち運び用ケース。レンズ拭き。取り扱い説明書。保証書。

フィギュアスケートブランケット GOODS
- カラー：ピンク、ブルー
- サイズ：89cm×58cm(ブランケット部分) 19cm×23cm(収納ポケット部分) ● 各2,000円

スパイラルをするスケーターのイラストがかわいいブランケット。色はピンクかブルーをチョイス。試合やアイスショーの観戦のおともに。
＊ポケットに収納すると6cm程の厚さになります。

ご購入方法
- ご紹介した商品はFAXオーダーで今すぐお申し込みいただけます。
- お申し込みは本誌P.95のFAX注文用紙をご利用ください。
- お支払い方法は代金引換にて承ります。
- 価格はすべて税込みです。
- 詳しいご利用方法はFAX注文用紙内のご案内をご覧ください。

オンラインショッピングも承っております
各商品をより詳しくご紹介していますので、ぜひご利用ください。
バレエショップ・フェアリー　http://www.fairynet.co.jp

★商品に関するお問い合わせ
クラブメール TEL:03-5766-9677
受付：11:00〜19:00(水曜除く)
＊クラブメールは、新書館誌上販売の呼称です。
＊ご注文受付および発送業務は(株)フェアリーが代行いたします。

ワールド・フィギュアスケート 通信販売FAX注文用紙

お申し込み日　　年　　月　　日

（お支払い方法：代金引換）

* ワールド・フィギュアスケート 通信販売をご利用のお客様はこのFAX注文用紙をご使用ください。
* 下記に必要事項をご記入の上、ご送信ください。

フリガナ	
お名前	様
お届け先ご住所 〒	
TEL：	
FAX：	

■お届けご希望日

平日　・　土日祝

*特に曜日指定がある場合はご記入ください。
*お日にちの指定はできませんのでご了承ください。

■お届けご希望時間帯　　　　　指定なし

午前中　　　　　　　午後12時〜14時
午後14時〜16時　　　夕方16時〜18時
夜間18時〜20時　　　夜間20時〜21時

■昼間ご連絡が可能なお電話番号をご記入ください。
（携帯電話・勤務先など）

掲載号	商品名	数量	金額

ご注文内容に発売前の予約商品が含まれている場合は、お届け方法について下記よりお選びください。
□一括発送（予約商品の発売時にあわせて発送）　　□分納発送（予約商品を除いた注文商品を先に発送、予約商品は発売時に発送）
*商品合計金額にかかわらず、分納1回につき別途送料600円を申し受けます。

FAX:03-3499-5540
クラブメール
TEL：03-5766-9677　お問合わせ受付：11：00〜19：00（水曜除く）
〒150-0001 東京都渋谷区神宮前5-50-10 ぴゅあ1ビル
クラブメールは、新書館誌上販売の呼称です。
ご注文受付および発送業務は（株）フェアリーが代行いたします。
お客様の個人情報はこの受注業務以外では一切使用いたしません。

商品合計 ①	円
送料 ②	600円
	*合計金額が税込10,800円以上の場合は送料無料です。
合計 ①+②	円

FAXをご利用いただけないお客様は郵送でも承ります。上記住所に「WFS通信販売係」と明記して注文用紙をお送りください。

点線にそって切り取ってお使いください（用紙をコピーしてお使いいただいても結構です。）

通信販売のお申し込み　FAX:03-3499-5540

ワールド・フィギュアスケート通信販売ご利用方法

★ワールド・フィギュアスケート誌上販売で紹介されているDVDなどは、このFAX注文用紙でご注文いただけます。

FAX注文用紙にお名前、お届け先ご住所、お電話番号、ご注文商品などをご記入いただき、上記までFAXでお送りください。

◆お支払い方法　代金引換にて承ります。商品お届け時に配達員にお支払いください。
◆お届け　商品はご注文日より約10日前後でのお届けとなります。品切れなどでご希望の商品をご用意できない場合や、ご記入事項に不備があった場合にはご連絡いたします。

◆送料　送料は商品数にかかわらず1回につき600円です。税込10,800円以上お買い上げの場合は送料は無料となります。
◆返品と交換　不良品などの返品につきましては、商品到着から7日以内に上記までお問合せください。お客様のご都合による返品の場合は、送料はお客様負担となります。ご使用後の返品、交換はご遠慮ください。なお、印刷のため、商品の色調が実物と多少異なる場合がございますのでご了承ください。

WORLD FIGURE SKATING　シーズンセット申込用紙

お名前、お届け先ご住所、お届けご希望日、時間帯は上記の通信販売FAX注文用紙のスペースにご記入の上、お申し込みください。

「ワールド・フィギュアスケート」2016・2017 シーズン4冊セット〈No.75〜78〉
（1,944円×4冊＋初回手数料210円＝7,986円　送料無料！）
*お申し込み時に既刊になっている号は、初回にまとめてお届けいたします。
*同一のFAX用紙でDVD、CDなどと一緒にご注文いただいた場合でも、別々の発送となりますのでご了承ください。

□4冊セットを申し込む
*申し込む場合はチェックをしてください。

◆下記についてあらかじめご了承ください。
*「ワールド・フィギュアスケート」はフィギュアスケートの大会やショーで先行発売をする場合がありますが、会場で購入された場合でもシーズンセットの途中解約はできません。
*発売時期は予告なく変更する場合があります。
*流通、配達事情により、一般書店等の店頭発売より遅れてのお届けとなります。

シーズンセットのお申し込みは　**FAX:03-5970-3847**　新書館 営業部
TEL：03-5970-3840
お問い合わせ受付　9：30〜17：00（土日祝を除く）
〒174-0043　東京都板橋区坂下1-22-14

FAXをご利用いただけない方は郵送でも承ります。上記住所宛に「WFSシーズンセット」と明記して申込用紙をお送りください。

シーズン・セットのお申し込み　FAX:03-5970-3847

WORLD FIGURE SKATING

ワールド・フィギュアスケート別冊
アイスショーの世界3
氷上のアート&エンターテインメント

2017年3月5日発行
発行所：株式会社 新書館
編集：〒113-0024
東京都文京区西片2-19-18
TEL 03-3811-2851
FAX 03-3811-2501
営業：〒174-0043
東京都板橋区坂下1-22-14
TEL 03-5970-3840
FAX 03-5970-3847
表紙・本文レイアウト：
SDR（新書館デザイン室）
協力：CIC／ジャパンスポーツ
プリンスホテル／IMG
ユニバーサルスポーツマーケティング
SORA／テレビ東京／TBS
中京テレビ／日本テレビ
熊本朝日放送／Art on Ice
日本スケート連盟

印刷・製本：株式会社 加藤文明社
©2017 SHINSHOKAN
Printed in Japan

＊本誌の無断複製（コピー、スキャン、デジタル化等）並びに無断複製物の譲渡および配信は、著作権法で禁じられています。

World Figure Skating
Shinshokan Co., Ltd
2-19-18, Nishikata, Bunkyo-ku,
Tokyo 113-0024 Japan
Tel +81 (0) 3 3811 2851
Fax +81 (0) 3 3811 2501
www.shinshokan.co.jp/abr/
Nothing may be reprinted in whole or in part
without written permission from the publisher.

ワールド・フィギュアスケート編集部の
Twitterはこちら ➡ @WFS_JP
https://twitter.com/WFS_JP

ステファン・ランビエル（2017年アート・オン・アイス） ©World Figure Skating / Shinshokan